JN097846

生涯学習の
グローバルな
展開

ユネスコ国際成人教育会議が
つなぐSDG4の達成

長 岡 智 寿 子・近 藤 牧 子 編著

Chizuko Nagaoka / Makiko Kondo

Global development of lifelong learning

Achievement of SDG 4 connected

by UNESCO International Conferences on Adult Education (CONFINTEA)

東洋館
出版社

はじめに

　本書は，日本における生涯学習の現状や課題を学ぶうえで，それらをグローバルな観点から相対的に確認し，方向性を見出すことを目的としている。そして生涯学習の中でも，国際的に議論される成人教育の観点から問題を捉えていこうとするものである。

　成人教育という言葉は日本で一般的な用語ではなく，社会教育および生涯教育・学習の領域に含まれる。例えば海外でも，Community Education（コミュニティ教育），Further Education（継続教育），Out-of-school Education（学校外教育）など，成人教育の領域のコンセプトは多様であるが，国際社会では"Adult Education and Learning（ALE）""Adult and Youth Education and Learning（AYEL）"として，対象である成人（および若者）の教育（および学習）として議論される。

　しかし教育領域においては，近代からの国民国家の成立を支える重要な制度としての「学校」や「子ども」を対象にする議論が重視され，「成人」を対象にした教育へは，関心を寄せられてきたとは言い難い。社会において未来を担う子どもたちを大切に考えることは当然とはいえ，子どもたちの未来を大きく担っているのは，成人であるおとなたちであることを忘れてはならない。また，人間の一生涯は，学校生活を修了した後の方がはるかに長い。「子どもである」期間より，「おとなである」期間のほうがずっと長いのである。人間にとって学習することは，短い子どもの期間に限定されてはならず，おとなたちが，自らをより成熟発達させ，社会の問題を考え，よりよい未来の構築について学習していかなければ，自らの人生を充実させることも，子どもたちによりよい社会を手渡すことも困難である。

　国際成人教育会議（CONFINTEA）は，国連機関であるユネスコ（UNESCO）の主導のもと，第二次世界大戦後の1949年に第1回目がデンマークのエルシノアで開催された。会議では，世界の平和に向けて国家間の寛容や国内の民主主義や，人々のコミュニティを推進することが成人教育の役割とされた。そしてそれ以降12年に一度開催されている。第2回がカナダの

モントリオール（1960年），第3回が日本の東京（1972年），第4回がフランスのパリ（1985年），第5回がドイツのハンブルク（1997年），第6回がブラジルのベレン（2009年）での開催である。また，第5回と第6回の中間である6年目に，タイのバンコクで「CONFINTEA Ⅴ＋6」（2003年）という中間総括会議が開催された。

　この本の執筆は，第6回と開催を予定している第7回の中間である6年目に，韓国の水原（スゥォン）で開催された「CONFINTEA Ⅵ Mid-term Review（MTR）」（2015年）という中間総括会議への出席が契機となっている。

　グローバル化は進み，気候変動や人権・平和をめぐる地球的課題が深刻化する中，2015年に国連持続可能な開発サミットにおいて「我々の世界を変革する−持続可能な開発のための2030アジェンダ」が採択され，そこに含まれるSDGsという2030年を期限にした国際的な開発目標が合意された。教育に関する目標は，SDG 4であり，世界中の草の根の成人教育実践者たちもその策定に向けて準備し声をあげてきた。そこでは，教育領域から取り残されているおとなと若者の存在を重視することや，学習を経済効率に貢献するものだけに貶めてはならない点などが確認された。他のあらゆる開発目標の達成のためには，課題をおとなである私たちがしっかりと受け止め，学び，課題解決に向けて取り組んでいかなければ実現をみないことは明らかである。

　そのような中，日本の成人教育・学習をめぐる環境は変化し，社会教育・生涯学習の意義に対する共通理解も薄れている。教育行政施策から一般行政施策への移管や民営化が進み，成人教育の専門性を担保するしくみが揺らいでいる。また地域の現状は，貧困，少子高齢化，多文化共生など，私たちおとなが向き合わなければならない問題が山積している。

　本書では，改めて成人教育をめぐる国際的動向を整理しつつ，日本の生涯学習・社会教育の課題を捉え直し，その方向性を展望していくことを目的とするものである。具体的な構成は次のとおりである。

　第Ⅰ部では，「成人教育のグローバルな展開」として，まず国際社会において，教育が基本的人権として，また，基礎教育の機会を確保することが最優先事項として承認されたEFA（Education for All：万人のための教育）

の展開について確認する。次に第2章では，今日の国際的目標であるSDGsにおける教育の課題（SDG 4）について把握し，教育の「質」とは何を意味することなのかを確認する。第3章では，ユネスコとその機構により作成された「成人学習・教育に関するグローバル・レポート」（GRALE, Global Report on Adult Learning and Education）を踏まえ，世界の成人教育の現状と課題を探る。

　第II部は「成人教育のグローバルな現代的課題」として，第4章にて，教育の「質」を保障するための課題について考えていく。第5章では，識字と基礎教育の概念や展開を整理し，EFA運動としての成人教育政策の課題と取り組むべき課題を確認する。第6章では，成人の職業生活を支える継続的な職業訓練と専門能力開発の課題を確認する。

　第III部では，「日本における社会教育」をみていく。第7章は，日本の社会教育の現状と課題を整理する。社会教育法や公民館の意義から捉え直し，行政方針の現状と今後求められる課題について確認する。第8章は，超高齢社会を迎えている日本の高齢者をめぐる社会教育の現状を整理し，今後を展望する。第9章では，日本社会における基礎教育の保障の課題をおとなの「学び直し」の観点から提起する。第10章では，東日本大震災での経験と学びを共有するため，防災教育の展開と課題を示す。第11章では，日本における外国人の学習支援の現状と課題を主に難民の視点から捉えていく。

　そして最後に，本会議である「CONFINTEA VI Mid-term Review（MTR）」に先立って，市民社会組織（CSO）によって開催されたプレ会議である「市民社会フォーラム」からMTRへの問題提起の経緯を報告する。

　本書は，成人教育について学ぶためのテキストとして利用できるよう，巻末に基礎的な資料および用語解説，関連年表も添えてある。第1回目のCONFINTEAから70年に渡って議論され，創り出されてきた成人教育の理念と，世界中で取り組まれている成人教育の動向に学び，日本の状況を位置づけ，今後の日本の成人教育のあり方の展望を拓く一助となれば幸いである。

編者を代表して
近藤 牧子

目　　次

はじめに

略語一覧

ASPBAE：Asia South Pacific Association for Basic and Adult Education
BFA：Belen Framework for Action
CONFINTEA：CONFérence INTernationale sur l'Education des Adultes
　　　　　　International Conference on Adult Education
CSO：Civil Society Organization
EFA：Education For All
GRALE：Global Report on Adult Learning and Education
ICAE：International Council for Adult Education
MDGs：Millennium Development Goals
MTR：Mid-Term Review
NGO：Non-Governmental Organization
NPO：Non-Profit Organization
SDGs：Sustainable Development Goals
UNESCO：United Nations Educational, Scientific and Cultural
　　　　　Organization

第 I 部

成人教育のグローバルな展開

基礎教育支援政策の
国際的潮流

EFA 運動の展開

◇◇◇

> キーワード：EFA（Education for All），拡大された基礎教育の機会，
> EFA とジェンダー，Education 2030

● はじめに

　「学ぶこと」「学習すること」と聞いたとき，あなたはどのようなことをイメージするだろうか。学校に通うことや受験勉強，習い事など，幼少期や学生時代に取り組んだことを思い起こすのかもしれない。しかし，「学ぶこと」とは，ある一定の時期に限定されるものではありえない。私達は成人してからも多くのことを学び続けており，実際に，家庭や職場，地域社会の中で様々な学びを実践しているのである。それだけに，文字の読み書き等，社会参加の礎ともいえる基礎教育の必要性は言うまでもないであろう。だが，基礎的な学習活動が日常生活において不可欠であり，人の生涯に渡る学びにおいても重要であるということを国際社会が承認し，政策として展開し始めたのは，近年においてのことである。

　本章では，今日，「EFA 運動」として展開されている基礎教育重視の教育開発政策や教育支援策について，これまでの経緯をたどりながら，今日の2030年までを目標とする持続可能な開発目標における教育の課題に至るまで，そのプロセスを整理する。

1 ● 「EFA 運動」とは何か？
── 「教育」それ自体の開発政策の展開

(1) 「万人のための教育世界会議（World Conference on Education for All: EFA）」の背景とねらい

　1990年３月，タイのジョムティエン（Jomtien）で開催された「万人のための教育世界会議（World Conference on Education for All: EFA）」（以下：ジョムティエン会議）は，ユネスコ，ユニセフ，UNDP（国連開発計画），世界銀行の４国際機関（後に，UNFPA（国連人口基金）も共催機関となる。）による共催により開催され，政府代表，政府間組織や NGO などを含む1500人にも及ぶ人が参加した大規模な世界会議であった。提出された『EFA 宣言』の前文では，当時の状況が次のように述べられている。

　一億人以上の子どもが初等教育の機会を得られない状態にあり，そのうち少なくとも6000万人の女児が含まれていること。また，９億6000万人の成人が非識字状態にあり，その内のおよそ３分の２は女性であること。世界中の成人の約３分の１の人々が生活の質を改善させるため，または生活を形作るのに役立つ活字媒体を読み解く知識，新しいスキルや技術，そして社会的，文化的変革のためにそれらを採り入れる機会を持ち合わせていないこと，さらに，一億人以上の子どもや大多数の成人が基礎教育を完全に受けることができていない。

出典：WCEFA, 1990, 筆者訳

　会議では子ども，若者，そして成人のための基礎教育重視の教育支援策が検討され，その問題解決に向けて，「EFA 行動枠組み（the Jomtien Framework for action）」[1] が採択された。それは，教育を受けることは基本的な人権であるとする概念を再確認するとともに，10年後の2000年までにすべての人の基本的な学習ニーズを満たすための目標と戦略であった。「EFA 行動枠組み」は国際社会の公約として承認され，今日においても，

「EFA運動」として広く展開されている。

　ところで，「Education for All（万人のための教育）以下EFA」というスローガンがジョムチェン会議にて突如として浮上したのではないことを述べておかなくてはならない。EFAは，「教育は人権である」とする理念から発したものであり，それは既に1948年の世界人権宣言において提出されている（Little, 1994）。また，基礎教育を重視する動きについても，1960年にパキスタンのカラチで開催された「ユネスコ・アジア地域代表者会議」において採択された「カラチプラン（アジアにおける普遍的・無償初等義務教育計画案）」において謳われていたことである。つまり，基礎教育の重要性については早くから問題提起や対応策が問われていたにもかかわらず，優先事項として重視されてこなかったのである。その背景には，1960年代の国際社会では人的資源論の主張する経済開発を念頭にした教育政策が優勢であったため，初等教育よりも中等教育，高等教育に特化することにより，途上国の経済発展を導こうとする動きが強かったといえる。

　そのため，ジョムティエン会議における基礎教育の重要性を迫る問題提起は，次のように従来の教育援助のあり方に反省を促すものであった。

　①これまで理念として掲げられてきた基礎教育の普及を具体的な政策とし，その成果を導くものであらねばならないとしたこと。
　②教育協力の質的な変化，とりわけ，開発途上国における女性や子どもの置かれた多様な状況を理解すること。
　③社会の構成員である女性の社会参加を積極的に推進すること（内海，1998）

　また，開発途上国における教育政策方針を具体的なものとした会議の背景には，一つには，本来，教育開発政策は開発途上国の主導によるべきであるが，世界全体の問題として取り組んでいく必要性が先進国側での危機感として高まってきたことが挙げられる。二つには，従来，初等教育の普及は当事国の主権に関わるものとされ，国際的な影響力は極めて限定的なものであった。この他，経済を中心とするグローバリゼーションの進行により，政治，社会的な側面においても国際性を増してきたことにあるといえよう（長岡，

2018)。

(2) 拡大された基礎教育の機会を求めて
　── 三つの主要活動分野を軸として

　1948年の世界人権宣言以降，人権に関する法的な国際協定が合意されてきた。例えば，1960年のユネスコ教育差別条約，1965年の人種差別撤廃条約，1979年の女子差別撤廃条約，1989年の子どもの権利条約には，それぞれ，教育を受けることは人権であることが示されている。EFA概念としては，これらの国際的な条約を踏まえ，子どもや若者，成人が性別や障害の有無，国籍等を理由に教育の機会から排除されることのないように，人権としての教育の意味を強調するものである。その主要活動分野とは，次のように示される。

　EFAとは，①初等教育の完全普及，②識字，そして，③生涯学習の三つの活動を軸とする「拡大された基礎教育の機会」を提示するものである。まず第一に，近代学校教育制度が定着した国や社会においては，初等教育の完全普及や識字教育の重要性について，特別に疑問を持つことは少ないのかもしれない。しかし，今日，多くの国が義務教育制を実施している中で，開発途上諸国の中にはいまだ義務制ではないとする国も存在する。または，初等教育は義務教育であると称しながらも実態が伴わない場合もある。そのため，政策として，初等教育の完全普及が優先的に取り組まれなければならない。

　二つ目に，「識字」をめぐる状況についてみていこう。図1-1は，世界の15歳以上の成人識字率の状態を示したデータマップである。識字率が50％以下の非識字状態に置かれている人が多い地域は，南アジアやサブサハラ・アフリカに集中している傾向がみられる。図1-1が示していることは，識字率をめぐる地域間格差だけではない。南アジアやサブサハラ・アフリカなどの国は，貧困や長期に渡る政治的紛争問題の他，宗教に基づく慣習，価値観等により，女子，女性が教育の機会から遠ざけられてきた。そのような社会文化的要因により，他国との差異が際立つ結果となっている。また，世界で非識字状態に置かれている成人のうちの3分の2は女性であるということからも，教育の機会へのアクセスが不均衡である現状について，ジェンダーの

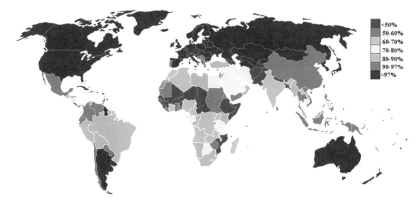

図 1 - 1

視点により分析を行う必要性がある。

　文字の読み書きができなければ，情報へのアクセスにも疎くなることが想起される。また，保護者に読み書き能力が乏しければ，家事や育児，その他，家族の健康管理も含め，日常生活における様々な側面で不利な状況に置かれてしまうリスクが高まる傾向があるとされている。開発途上国においては若い女性に出産にまつわる知識や家族計画などの情報提供を識字教育の一環として行い，乳幼児の死亡率の軽減や女性の産前産後の健康管理にも考慮したプログラムが提供されている。もちろん，この限りではないが，知識基盤社会の成立に伴い，文字を獲得しているか否かにより，社会生活において格差が生じてきていることは否めない。

　三つめは生涯学習の推進である。生涯学習の概念は，1965年，パリのユネスコの成人教育局の職員であったポール・ラングラン（P. Lengrand）により提起された。人はいくつになっても学ぶ主体であり，変化の激しい社会に対応できるように，学齢期のみを学びの期間とするフロントエンドモデルではない生涯に渡る学びの必要性を求めたのである。生涯学習とは，人々が生涯に行うあらゆる学習活動，すなわち，フォーマルな教育活動である学校教育や，ノンフォーマルな学習活動（例えば，社会教育，文化活動，スポーツ活動，レクリエーション活動，ボランティア活動，企業内教育，趣味など様々な場や機会において行う学習活動）の他，私達が日々の生活の中で無意

$$E \; d \; u \; c \; a \; t \; i \; o \; n \quad f \; o \; r \quad A \; l \; l$$

図1-2

図的に習得しているインフォーマルな学びをも含む。生涯学習は個人の学習ニーズに対処するために生涯を通して続くプロセスとしての学習である。多様な形態の学習活動を指すため，成人教育において広く取り組まれている。

2 • 識字と女子の教育参加の促進に向けて

　人間を中心とする開発政策なくして社会の発展はありえないとする見解に到達した国際社会の認識は，EFA宣言により，人間形成の根幹を支える「教育」それ自体が開発の主要な目的であるという根源的な問題を再確認することとなった。

　2000年4月にセネガルのダカールで開催された「世界教育フォーラム（World Education Forum）」は，国連開発計画，ユニセフ，ユネスコ，世界銀行，国連人口基金の6機関の共催で行われ，164カ国から1,200人の参加する大規模な会議となった。会議では，継続してEFAに向けた2015年までの期限付き目標「ダカールEFA行動枠組み（the Dakar Framework for Action）」が採択された[2]。また，同年9月の国連総会においても「ミレニアム開発目標（Millennium Development Goals: MDGs）」が提起され，国際社会が連帯して問題解決に取り組む必要性が強調された。

「ダカールEFA行動枠組み」は，EFA宣言にて示された人権と教育に関する国際合意を含むものである。幼児教育，初等教育完全普及，ライフスキル及び職業教育，識字，教育におけるジェンダー平等，そして教育の質に関する6項目の目標を2015年までに達成しようという野心的なものであった。

　とりわけ，女子の教育参加と成人女性の識字教育の普及については，成人教育の課題として盛り込まれた。2000年当時，1億1300万人以上の子ども達が初等教育を受けておらず，そのうちの約6割が女子であること，また，少なくとも8億8千万人の成人が非識字状態にあり，そのうちの3分の2が女性であることが確認されたからである。ジョムチェンからダカールにおける10年間において，基礎教育に焦点を当てた教育開発政策は進展してはきたが男女間格差は解消されなかった。国内における経済格差も拡大傾向にあり，結果として，貧困層の女子に負担がのしかかる社会構造がより明確なものとなっていったのであった。

　「ダカールEFA行動枠組み」で提示された六つの目標は，先の「EFA行動枠組み」における課題を批判的に捉えつつ，目標年度を2015年に延長させた長期的，継続的な取組みが必要であることを示した。また，これまで以上に国際社会において各国政府や援助機関が連帯しながら基礎初等教育の普及，男女間の教育格差の是正，非識字状態の根絶などに向けた活動を展開していくことの重要性が広く承認されたといえよう。

3 • 教育におけるジェンダー平等の視点

　90年以降，途上国政府は，国際援助機関やNGO等の民間援助組織の協力を得てEFA目標達成のための活動を展開した。当時の教育開発政策は，「なぜ，女子が教育の機会へ参画することができないのか」について，各国における社会文化的な規範や慣習，価値観を踏まえて検討することは少なかった。女性の教育が国の開発に貢献するという理解はあっても，「教育におけるジェンダー」という視点は共有されてはいなかったからである。（菅野・長岡・西村，p.28，2012）

　教育におけるジェンダー平等とは，どのようなことを意味するのであろう

か。次のように段階に分けて考えてみよう。

①「教育を受ける権利」：学校への平等な就学の機会
②「教育を受ける過程での権利」：学習過程における平等
③「教育の結果としての権利」：就労機会，収入の平等，社会参加

　これら3つの要素は互いに影響しあうものでなければならないのではないだろうか。ジェンダー平等を教育活動を通して実現するには，多面的な働きかけが必要となろう。（前掲，p.33，2012）
　2000年のダカール会議以降，初等教育の普及は一定の成果を上げている。特に近年の就学率の向上は顕著であり，2015年の EFA グローバルモニタリングレポートによれば，学校に就学していない子どもの数は，1999年から3,300万人減少し，初等教育の不就学児童のうち，女子の割合も58%から54%に減少した。また，世界の成人識字率は84%に向上した。しかし，今日においても教育における男女間格差・不平等が解消されたわけではない（図1-3参照）。

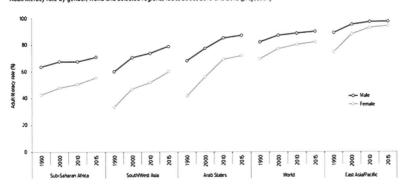

図1-3

出典）EFA グローバルモニタリングレポート2015
EDUCATION FOR ALL 2000-2015: achievements and challenges

今日，なおも就学することができない子どもたちは存在し，特に，南西アジアとサブ・サハラアフリカに集中している。地域，社会階層・カースト，民族，収入別などの統計を見ると，これらの地域・諸国では，様々な集団において顕著な男女間格差が存在する。そして，最も不利益を被っているのは，遠隔地の農村における少数民族や被差別グループの貧困層の女子となり，最も阻害される状態であることが明らかとなった。男女間格差を達成する上での大きな課題が残されている。

4 • Education 2030 —— ポスト2015に向けた課題

2015年5月，韓国のインチョン（仁川）で「世界教育フォーラム2015（World Education Forum 2015）」が開催され，160カ国から1,600人以上の参加者が集い，2030年までの教育政策として新しいビジョンを提示した「インチョン宣言」が採択された。また，同年9月の国連総会では，2030年までに世界が克服すべき17の目標「持続可能な開発目標（Sustainable Development for Goals: SDGs）」が定められた（図1-4参照）。環境，貧困，飢饉，福祉，健康，衛生，教育，人権，ジェンダー，環境などさまざまな課

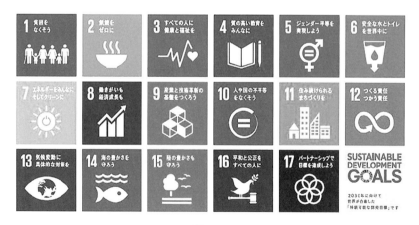

図1-4

出典：持続可能な開発のための2030アジェンダ　http://www.env.go.jp/earth/sdgs/index.html

題が含まれる。自然災害に対する防災活動も取り組むべき課題の一つに含まれよう。SDGs は，2000年のミレニアム開発目標（MDGs）の後継として，2015年9月の国連総会で採択された「持続可能な開発のための2030アジェンダ」にて記載された2016年から2030年までの国際目標である。持続可能な世界を実現するための17の目標，169のターゲットから構成されており，「leave no one behind（地球上の誰一人として取り残さない）」を誓っている。

　SDGs の17の目標のうち，教育に関しては第4目標「教育の質を確保すること」が課題[3]となっている。ここで提起されている「教育の質」とは，次の項目となる。①「無償，かつ公正な初等，中等教育の完全普及」，②「就学前教育への平等なアクセス」，③「技術／職業教育および高等教育への平等なアクセス」，④「適切なスキルを獲得した若者や成人がやりがいのある仕事に就労できること」，⑤「男女間格差の解消と社会的弱者の教育機会へのアクセス」，⑥「若者や成人の識字能力の向上」，⑦「持続可能な開発のために，必要な知識や価値観を資するための教育活動の促進」，の七つの項目である（詳細は第2章を参照）。

図1-5

教育活動の質を保障することとは，単に，教育の機会を提供することではありえない。幼少の頃から男女の違いにかかわらず教育の機会が保障され，かつ，学習の成果が公正に評価されるように，教員の人材育成をも含めた教育活動そのものの質的な向上が欠かせない。また，安全な学習環境を確保すること，そして，何よりも学んだことが活かされ，男女ともに社会参加を促す学びが推進されなければならないだろう。EFA 運動の今後の展開は，私達がどのような社会を築き上げていくのかに委ねられており，行政機関のみならず，市民社会の多様な実践が期待される。換言すれば，私たちの社会は，2030年に向けて多くの可能性を秘めているとも考えられよう。

註
1）「EFA 行動枠組み」における目標：巻末資料参照。
2）「ダカール EFA 行動枠組み」における目標：巻末資料参照。
3）SDG4：巻末資料参照。

【引用・参考文献】

EFA Global Monitoring Team, Education for All Global Monitoring Report 2015, GENDER and EFA 2000-2015: ACHIEVENTS AND CHALLENGES, GENDER SUMMARY, UNESCO, 2015.
Education 2030 Incheon Declaration 外務省仮訳。
菅野・西村・長岡『ジェンダーと国際教育開発：課題と挑戦』福村出版，2012。
Little, A., Hoppers, W. & Gardner, R., Beyond Jomtien: Implementing Primary Education for All, Macmillan, 1994.
長岡智寿子『ネパール女性の社会参加と識字教育』明石書店，2018。
UNESCO Bangkok, Spotlight EFA：Getting Education in the News 2008.
Unesco Kathmandu,2015 EFA National Review Report 2000-2015.
内海成治「国際協力論の試み：DAC 新開発戦略をめぐって」『大阪大学人間科学部紀要』第24号，1998，pp.165-194。
WCEFA, 1990, World Conference on Education for All: Meeting Basic Learning Needs.

〔長岡　智寿子〕

【学びのポイント】

・EFA 運動とはどのような概念のもとで展開されているのでしょうか？

・識字と女子の教育参加について，どのような問題があるのでしょうか？

・Education 2030ではどのようなことが課題となっていますか？

第 ② 章 ◇◇◇

SDGs と成人教育

持続可能な社会づくりを目指す成人教育とは

◇◇◇

> **キーワード**：MDSGs，SDGs，地球サミット，仁川宣言，フォーマル教育，ノンフォーマル教育，参加

● はじめに

　私たちの社会には，「宣言」「条約」「規約」「勧告」「計画」といった国際的な合意文書の後押しによって成り立った制度や政策が多くあることをご存知だろうか。例えば，当然のように使われる人権の概念は近代の二つの世界大戦後に成立した「世界人権宣言」（1948 国連採択）によって，全ての人間が生まれながらに人権を持っており，それを守る努力をすることが世界共通の基準として公式に認められた。他にも、私たちの暮らしや生き方に関わる大切な合意に「国際人権規約」（1966 国連採択，1979 批准），女子差別撤廃条約（1979 国連採択，1985 批准）子どもの権利条約（1989 国連採択，1994 批准），気候変動枠組み条約（1992 採択，1993 批准）などがある。「規約」や「条約」には法的拘束力があり，日本はいずれも批准（国会審議から承認可決されること）している。人権を基準とした政策，男女共同参画政策，子どもを権利主体とする政策，そして地球温暖化防止政策のどれを取っても，日本は残念ながらまだまだ発展途上にあり課題は山積みである。しかし少なくとも法制成立レベルで，男女共同参画社会推進法（1999）や，児童福祉法改正（2016），地球温暖化対策推進法（1998）への道を開いたのはこれらの

条約である。どこか遠くで取り決められているように感じられる国際的な合意文書は，私たち一人一人の人権や生活との関わりが実はとても深い。

　2015年9月，ニューヨークの国連本部で開催された国連総会の「国連持続可能な開発サミット」では，161の加盟国首脳の参加から，「我々の世界を変革する：持続可能な開発のための2030アジェンダ」が成果文書として採択された。この文章は「条約」のような拘束力を持たないが，世界各国がこれからの地球社会を持続可能なものにする指針としての影響力は大きい。本章では，SDGs の意味と策定の意義をみた上で，SDGs 達成と成人教育との関係性を概観する。

1 • SDGs とは何か

　「SDGs（Sustainable Development Goals：持続可能な開発目標）」とは，「我々の世界を変革する：持続可能な開発のための2030アジェンダ」という成果文書に示された2030年までに達成すべき具体的な17の目標（goals）と169のターゲット（target）である。SDGs の「目標」とは，2030年までに達成したい長期的な最終目標であり，「ターゲット」とは，そのための具体的成果のことである。文書の全体は，大きく①「前文」②「宣言」③「持続可能な開発目標（SDGs）とターゲット」④「実施手段とグローバル・パートナーシップ」⑤「フォローアップとレビュー」の五つから構成されている（番号筆者）[1]。つまり，「SDGs」とは，成果文書としてのアジェンダの一部である。

　①「前文」冒頭では，「このアジェンダは，人間，地球及び繁栄のための行動計画である。これはまた，より大きな自由における普遍的な平和の強化を追求するものでもある。我々は，極端な貧困を含む，あらゆる形態と側面の貧困を撲滅することが最大の地球規模の課題であり，持続可能な開発のための不可欠な必要条件であると認識する」（傍線筆者）とされている。2015年が達成期限であったミレニアム開発目標（MDGs）において達成できなかったことを完遂し，経済に偏らず，社会と環境の三つの側面を調和させる目標とターゲットが示されていることを説明している。

②「宣言」では，「導入」「ビジョン」「共有する原則と約束」「今日の世界」「新アジェンダ」（SDGsについて）「実施手段」「世界を変える行動の呼びかけ」の大項目に分けられ，さらに1から53にわたる小項目が記されている。そしてその後に③「持続可能な開発目標とターゲット」，つまりSDGsが続く。

④「実施手段とグローバル・パートナーシップ」の「実施手段」とは，各目標それぞれに対する達成するための手段（方法）である。単に達成することが重要なだけでなく，どのように達成するかが記されており，その手段は目標やターゲットと同等に重要であるとされる。そして，17の目標を包括的に達成していくための手段がさらに明記されている。「グローバル・パートナーシップ」とは，政府，市民社会（市民団体等），民間セクター（企業等），国連機関，その他とのあらゆる形態の集団同士の協力を意味している。アジェンダ文書に見られる「連帯の精神」（前文より）「強いコミットメント」「主体の集結」「利用可能な資源の動員」（実施手段とグローバル・パートナーシップより）という言葉からも，SDGs達成に向けた協力に期待されているのは強く積極的な連携体制づくりであるといえる。

⑤「フォローアップとレビュー」とは，2030年までに実施される，評価やモニタリングである。目標達成までに，進捗状況のデータ収集や評価を複数

表2-1 「我々の世界を変革する：持続可能な開発のための2030アジェンダ」の構成

①「前文」
人間　地球　繁栄　平和　パートナーシップ
②「宣言」
導入部　我々のビジョン　我々の共有する原則と約束　今日の世界　新アジェンダ　実施手段　フォローアップとレビュー　我々の世界を変える行動の呼びかけ
③「持続可能な開発目標（SDGs）とターゲット」
目標1〜16　目標17　資金　技術　能力構築　貿易　体制面
④「実施手段とグローバル・パートナーシップ」
⑤「フォローアップとレビュー」
国内レベル　地域レベル　全世界レベル

※番号筆者。本文で太字になっている項目を抜粋。「」が大項目。

回にわたって行うことは目標達成の「実施手段」としても欠かせない。評価とモニタリングをしていく上では，正確性はもとより各国のオーナーシップ（問題を自分自身の課題として主体的に責任をもって取り組むこと）を前提としながら，支援と進捗管理のアカウンタビリティ[2]を明確にする必要があり，すべての人々に開かれ，包摂的で，参加型の，透明性をもった報告がなされることの支援が記されている。これらは，評価をする調査過程とその結果が特権的に一部の人に占有されたり，都合のよいデータをとられることがあってはならないことを意味している。よって包摂的であるとは，調査から排除される人達がいないようにすることであり，参加型であるとは，一方的な調査を実施するのではなく，調査される当事者が評価に関われるようにすることを意味している。調査とは事実の把握である。「専門的」知見をもった，または権力のある調査する側だけが事実の把握をすればよいのではない。調査をされる当事者たちこそが，事実を把握して取り組むことも重要である。しかし参加型ではない一方的な調査では，調査する側の都合から得たい事実が選別されることもありえるし，調査対象となる人々が自分たちの生活に関わる事実を把握しようとするプロセスから排除されうる。そのことは，調査内容の正確性の質にも影響する。よって調査が開かれること，包摂性をもった参加型であること，透明性があることが求められる。

　そして，評価とモニタリングは「国内レベル」「地域レベル」「全世界レベル」での実施が想定されており，各国各地域で，またインターナショナルで，誰が，どのように，どのような価値観と姿勢をもってフォローアップとレビューに臨むのかが記されている。

　SDGsの大きな特徴を三つあげると，第一に，MDGsが開発途上国の貧困撲滅を目指した八つの目標を記したのに対し，SDGsは，全ての国で取り組まれるべき課題を示した特徴がある。例えばジェンダー平等（目標５）や人間らしい雇用（目標８），格差の是正（目標10），持続可能な生産消費形態（目標12）などは，典型的に先進国でも深刻な問題である。日本ではさらに，貧困（目標１），教育保障（目標４），クリーンエネルギー（目標７）防災・減災（目標11）なども重要である。これを，「全世界で共通して取り組む」という点で普遍主義をとっていると言われる。

第二に，目標の内容が環境と開発の両側面をもっている特徴がある。環境とは，乱開発の結果としての環境破壊やそれに伴う気候変動資源枯渇を問題とし，環境を壊さず，資源を枯渇させない，自然や生物の多様性の保護をするといった観点がある。開発とは，人間がよりよい暮らしをする社会づくりである。そこにはインフラといったハード面や，教育や福祉といったソフト面を整備することの両方が含まれる。人々の生活をよりよくするために人間は開発を進めてきたが，それらが経済開発に偏ると，環境や，本来不可欠なソフト面の整備がおざなりになる。豊かな人間の暮らしのための開発をするが環境を壊さない，という二つの課題に取り組む特徴がある。

　第三に，目標に実施手段が明記されたことである。目標だけを示しても，どうやって達成するかが共有されていなければ，達成のための具体的な道筋が不透明なままになる。また，達成のために手段がどうあってもよいのではなく，それが公正に実施されていったプロセスの結果としての目標達成を重視するからである。

2 • SDGs が決定するまで —— 策定プロセスの特徴

　以上のように，目標をつくったり達成したりするプロセスが大切である理由をもう少し深めてみよう。例えば，学校のクラスで「クラスのみんなでエコキャップを100個集める」という目標を立て，達成するプロジェクトに取り組むとする。しかしそのプロジェクトが，「先生が言った」「リーダーシップをとる数人で決めた」目標であった場合，クラスの大半の人達には意義が感じられない。しかし全体で話し合いをしようとすると，意見を言いづらい人達，言いやすい人達に分かれてしまう。それを解決するためにいくつかの少人数のグループに分かれて皆が意見を出し合い，各グループでの結果をまとめ，それをさらにクラス全体でまとめていく。そうやって話し合っているうちに，目標の意味を考えていくことになる。この例でいくと次は，話し合いの中で100個を集める「方法」も決めていくことになり，例えば「100個で本当にいいのか」「多く集めるために多く買うことになると環境保護への意味がないのでは」などといった話し合いがされるかもしれない。結果として

「50個を普段よりも少し買わないようにしながら集めて達成しよう」という結論に至ったとする。このとき，クラスの大半が意義を感じられずに集めた100個と，みんなで話し合いを重ねて収集方法のルールを決めて集めた50個には違う意義があるだろう。

　SDGs の策定には，例でのグループの話し合いのようなたくさんの会議や会合が各地域，各分野でもたれた。交渉プロセスでは各国の職階の高い人達だけではなく，多くの市民社会組織（CSO）[4]に従事する人々が様々な場で関わった。いわば，クラスのグループワークがあらゆる場でもたれ，そこで話し合われたことを反映させていったのである。話し合いの結果がクラスとしての決め事になったように，各地域やグループの会合の積み重ねの末にSDGs の策定に至った。限られた権力のある人達で勝手に決めてしまい，結局「絵に描いた餅」とならないよう，丁寧な合意形成プロセスを経たことが，SDGs 策定の　つの成果である。

　つまりここで重要なのは，SDGs を誰がどうやって達成するのかという実施手段を定めたのと同じく，SDGs 自体を策定するプロセスも，「誰がどうやって決めたのか」という点が重要だったことである。世界の目標を各国のトップが決めればいいのか，トップが決めたことが地球社会に正しいと誰が決めるのか，トップだけで決めればみんながそれに従わなければいけないのかといったことが問題であり，その意味であらゆる人達で合意をとりながら決めていく必要があったのである。

　では，SDGs の具体的な策定プロセスを見てみよう。SDGs が世界的合意として策定されるプロセスには，大きく二つの流れがあった。一つはポストMDGs，つまり，2015年を期限とした MDGs の後継となる目標設定をしようとするいわゆる開発問題に取り組む流れである。もう一つが，1992年ブラジルのリオデジャネイロで開催された「地球サミット」[3]，そして2012年同場所開催の「国連持続可能な開発会議（通称「リオ +20（Rio plus twenty）」）」に続く環境問題に取り組む流れである（図2-1参照）。

　「国際会議」には様々な内容と規模のものが数多くある。それぞれの会議に，国の代表としてどの部門のどの階級の人が出席するのかは，その会議内容に対する国の重要度や優先度など，政策姿勢として現れる。ポスト

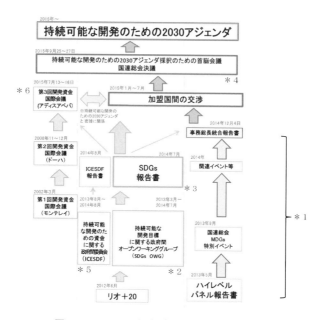

図2-1　SDGs の策定プロセス（外務省）
出典：外務省「プロセス全体像」＊注は筆者がつけたもの。

MDGs として，2012年7月に27名で構成される「ポスト2015年開発目標に
関するハイレベル（閣僚級）パネル」が設置され，そこから出された報告書
を基に2013年7月に国連事務総長が14の目標を提案した（＊1）。それは極
度の貧困の撲滅を強調した MDGs を深化，拡大したものであった。しかし，
その少し前になる同年6月に開催された「リオ＋20」において，SDGs を
MDGs の次の開発目標と統合する形で策定することが合意されたため，
2013年9月の国連総会では採択されなかった。そして，SDGs 策定のための
30カ国政府間交渉となるオープンワーキンググループ（＊2）の会合が2013
年3月から合計13回開かれ，2014年7月に SDGs の目標とターゲットの案を
発表し（＊3），2015年1月から国連全加盟国による政府間調整が行われた
（＊4）。MDGs 達成に至らなかった大きな要因に資金不足があったことか
ら，オープンワーキンググループと並行して「持続可能な開発のための資金
に関する専門家による政府間委員会」（＊5）も開かれ，2015年7月に「第

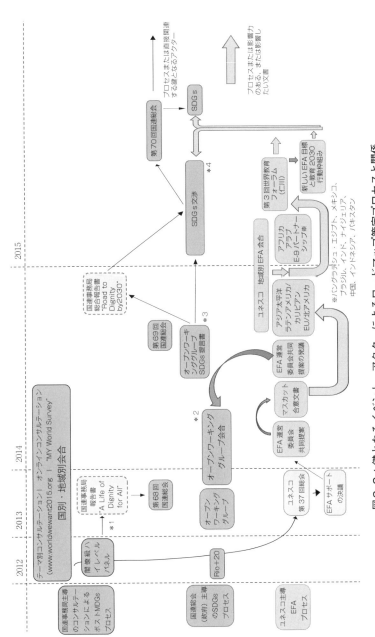

図2-2：鍵となるイベント，アクター，アクターによるロードマップ策定プロセスと関係

出展：“Post2015 Education; Supporting Materials of Advocacy Guidance VI "ICAE.2015 （筆者翻訳・加筆）
＊は図2-1に対応する。

３回開発資金国際会議」（＊６）も開かれた。「リオ＋20」が開催された2012年を起点にすると３年間に及ぶ策定プロセスを経て，SDGs が採択されたことになる。

　次に「教育」の流れを加えて策定プロセスを見てみよう（図２-２参照）。教育の目標である SDG4 の策定にも同様に様々な市民組織からの働きかけがあった。特に，EFA の策定に中心的に関わった教育関係者によって，EFA が SDGs の中に完全な形で取りいれられるようとする努力から SDG4 が策定された（山田，2016，22）。その努力は，MDGs 策定への参加が不十分であり，MDGs では結果的に「初等教育の完全普及」という教育分野のごく一部である就学目標についてしか反映されなかった反省を踏まえたからでもあった。オープンワーキンググループの提言書（＊３）には，EFA 運営委員会を通じた公式なものや，その他からの情報意見提供があった。2014年５月にオマーン国マスカットで開催された「グローバル教育フォーラム」には，ユネスコメンバー国，国際機関，CSO からの代表300名以上が参加し「マスカット合意文書」が採択された。その文書における七つのターゲットが SDG4 に記された。その後，文書に対する意見集約と支持を取りつける会議がもたれていった。教育分野の最終合意文書とされた2015年６月に韓国の仁川で開催された世界教育フォーラムでの宣言（通称「仁川宣言」）は，SDG4 の骨子としてニューヨークの政府間交渉過程に提案された（＊４）。このように，EFA から，「マスカット合意文書」を経て採択された仁川宣言には，成人教育をはじめとする世界中の教育 CSO の人々が積み重ねてきた議論の結果が反映されている。よって SDG4 は，「国際機関の偉い誰かが決めたもの」なのではなく，世界中の教育に携わる人たちの声を広く集め，集約していったものといえる。

３●SDG4 の特徴──７つのターゲット

　２で経緯を見てきたように，SDG4は包括的な EFA の後継目標として位置づいている。SDG4 は，「すべての人々への包摂的かつ公正な質の高い教育を提供し，生涯学習の機会を促進する」ことである。SDG4 には七つの目

標と三つの実施手段が示されている。また，策定後に指標（indicator）が設定された。指標は，今後の評価とモニタリングの対象基準となっていく。

表2-2　SDGs4のターゲットと指標

	ターゲット	指　標
4.1	2030年までに，すべての子どもが男女の区別なく，適切かつ有効な学習成果をもたらす，自由かつ公平で質の高い初等教育および中等教育を修了できるようにする。	4.1.1 (i) 読解力，(ii) 算数について，最低限の習熟度に達している次の子供や若者の割合（性別ごと）(a) 2〜3学年時，(b) 小学校修了時，(c) 中学校修了時
4.2	2030年までに，すべての子どもが男女の区別なく，質の高い早期幼児の発達支援，ケア，および就学前教育にアクセスすることにより，初等教育を受ける準備が整うようにする。	4.2.1 健康，学習及び心理社会的な幸福について，順調に発育している5歳未満の子供の割合（性別ごと） 4.2.2 （小学校に入学する年齢より1年前の時点で）体系的な学習に参加している者の割合（性別ごと）
4.3	2030年までに，すべての人々が男女の区別なく，手ごろな価格で質の高い技術教育，職業教育，および大学を含む高等教育への平等なアクセスを得られるようにする。	4.3.1 過去12か月にフォーマル及びノンフォーマルな教育や訓練に参加している若者又は成人の割合（性別ごと）
4.4	2030年までに，技術的・職業的スキルなど，雇用，働きがいのある人間らしい仕事および起業に必要な技能を備えた若者と成人の割合を大幅に増加させる。	4.4.1 ICTスキルを有する若者や成人の割合（スキルのタイプ別）
4.5	2030年までに，教育におけるジェンダー格差を無くし，障害者，先住民および脆弱な立場にある子どもなど，脆弱層があらゆるレベルの教育や職業訓練に平等にアクセスできるようにする。	4.5.1 詳細集計可能な，本リストに記載された全ての教育指数のための，パリティ指数（女性／男性，地方／都市，富の五分位数の底／トップ，またその他に，障害状況，先住民，紛争の影響を受けた者等の利用可能なデータ）
4.6	2030年までに，すべての若者および成人の大多数（男女ともに）が，読み書き能力および基本的計算能力を身に付けられるようにする。	4.6.1 実用的な (a) 読み書き能力，(b) 基本的計算能力において，少なくとも決まったレベルを達成した所定の年齢層の人口の割合（性別ごと）

4.7	2030年までに，持続可能な開発と持続可能なライフスタイル，人権，ジェンダー平等，平和と非暴力の文化，グローバル市民，および文化の多様性と文化が持続可能な開発にもたらす貢献の理解などの教育を通じて，すべての学習者が持続可能な開発を推進するための知識とスキルを獲得するようにする。	4.7.1 ジェンダー平等および人権を含む，(i) 地球市民教育，及び (ii) 持続可能な開発のための教育，(a) 各国の教育政策，(b) カリキュラム，(c) 教師の教育，及び (d) 児童・生徒・学生の達成
4.a	子ども，障害，およびジェンダーに配慮した教育施設を構築・改良し，すべての人々に安全で非暴力的，包摂的，効果的な学習環境を提供できるようにする。	4.a.1 以下の設備等が利用可能な学校の割合 (a) 電気，(b) 教育を目的としたインターネット，(c) 教育を目的としたコンピュータ，(d) 障害を持っている学生のための適切な施設や道具，(e) 基本的な飲料水，(f) 男女別
4.b	2020年までに，開発途上国，特に後発開発途上国および小島嶼開発途上国，ならびにアフリカ諸国を対象とした，職業訓練，情報通信技術（ICT），技術・工学・科学プログラムなど，先進国およびその他の開発途上国における高等教育の奨学金の件数を全世界で大幅に増加させる。	4.b.1 奨学金のための ODA フローの量（部門と研究タイプ別）
4.c	2030年までに，開発途上国，特に後発開発途上国および小島嶼開発途上国における教員養成のための国際協力などを通じて，資格を持つ教員の数を大幅に増加させる。	4.c.1 各国における適切なレベルでの教育を行うために，最低限制度化された養成研修あるいは現職研修（例：教授法研修）を受けた (a) 就学前教育，(b) 初等教育，(c) 前期中等教育，(d) 後期中等教育に従事する教員の割合

※1）ターゲットは外務省仮訳，指標は総務省仮訳である。
※2）波線〜〜は，対象となる主体である。実線──は，教育の質と内容についての言及である。

　4.1から4.3はフォーマル教育[5] である学校が関わる目標である。4.1及び4.2はいわば学校教育への「入口」と「出口」を確保する目標である。就学前教育へのアクセス（入口）と初等教育を受ける準備が整うこと（出口），初等教育，中等教育へのアクセス（入口）と質の高い教育を修了できる（出口）ことを「すべての子どもが男女の区別なく」できることを目標としている。4.3は，「手ごろな価格で質の高い」職業教育，技術教育，高等教育へのアク

セス（入口）が「全ての人々が男女の区別なく」できることを目標としている。高等教育とは，大学，短大，高等専門学校，専門学校といった高校卒業者が進学できる学校である。指標においては，12ヵ月以内のフォーマル，ノンフォーマルな教育や訓練に参加している若者や成人の割合が示されている。ここでのフォーマルな教育や訓練は，大学を含む学校や民間の教育機関において単位を得たり，学位や資格を得ていくことを意味する。ノンフォーマルな教育や訓練は，学位や資格が取得できずとも組織的な講習や研修に参加していくことを示している。

　4.4から4.6は，成人教育を包括する目標である。ちなみに，「若者と成人」「若者および成人」という表記であるが，国際社会では成人教育を「Adult Learning and Education（ALE）」と示すが，近年では，「Adult and Youth Learning and Education（AYLE）」という表記がなされるようになっている。例えば4.4や4.6の統計を取る際には，若者（youth）の年齢定義は15歳から24歳とされ，成人（adults）は「15歳以上」とされる。つまり，若者と成人の関係性は，「若者から成人になる」という段階なのではなく，成人は若者を含むが，成人の中の若者を特化したり強調したりするために用いられている。世界で社会的に成人とみなされる年齢には多様性があるが，小中学校を中退し結婚や労働に従事する子どもの存在を重視する意味や，就労や社会生活が学校教育生活との両立が必要になる高校や高等教育にさしかかる年齢の若者たちの問題を焦点化することが，成人教育における課題として位置づいている。

　4.4は，「働きがいのある人間らしい」といった質的な意味を含んだ職業技能を備えた「若者及び成人」の割合を大幅に増やす目標である。4.5は教育へのアクセス（入口に至る）の格差解消と差別撤廃の目標である。4.6は，「若者及び成人の大多数（男女ともに）が」識字の力を身に着ける目標である。4.7は，「すべての学習者が」持続可能な開発をもたらす価値に関する「知識とスキルを獲得する」目標である。

　これらの目標内容の特徴がいくつか挙げられる。一つに，教育におけるジェンダー公正を徹底して貫いている点である。「男女の区別なく」（4.1, 4.2, 4.3）「教育におけるジェンダー格差をなくし」（4.5）「（男女ともに）」（4.6）

「ジェンダー平等」（4.7）と明記されている。なぜ4.4の「若者と成人」の前後にジェンダー公正への言及が抜け落ちているのか不思議なくらいである。ジェンダー構成を包含するマイノリティの差別撤廃を謳う4.6を除き，4.1から4.7にみられる「すべての」に，あらゆる社会的マイノリティの包摂が意図されながらも，ジェンダー格差を解消し公正にしていくことへの重点性が見受けられる。二つに，教育を受ける人数や教育を提供する施設数，件数といった「量」ではなく，学習者が身に着ける知識・態度・技能の評価の結果という「質」を目標としている点が挙げられる。その意味は，教育が公的行政サービスとして位置づけられ，制度的にどれほどの数量を提供すれば，どれほどの人が受益できるのかという観点の目標設定ではなく，EFAの"All（全ての人）"もしくはSDGsのスローガンである"Leave no one behind（誰一人取り残さない）"のように，量的には"100%"の教育保障を達成する目標を前提としつつ，多様な立場の学習者が何を学んだのかを評価する目標設定になったということである。この点において，さらに教育をとおして身に着ける価値の具体性を明記した4.7の特殊性がSDG4の特徴といえる。

4 • 成人教育の観点からみる SDG4 のターゲット

　SDG4 の4.1〜4.7のターゲットのうち，成人教育に関わる4.3から4.6を，日本の状況に引き寄せて概観してみよう。4.3と4.4は技術教育，職業教育に関するターゲットである。中でも，中等教育（中学・高校）卒業後の職業との接続が重要なテーマとされる。ユネスコではTVET（ティーベット：Technical and Vocational Education and Training）[6]として施策を進めてきた。人間らしい就労をするために必要な技能を身につけるための教育機会を拡大し，結果として必要な技能を備えた若者と成人の割合を大幅に増加させることを目的としている。ユネスコは，2016年から2021年までのTEVETの戦略計画書を発行し，SDG4 達成への貢献を目標としている[7]。
　4.3には「手ごろな価格で"affordable"」とあるように，完全無償が難しくても，なんらかの職業に関わる教育や，研修を受けられる平等な機会保障を想定している。その中で，大学を含む高等教育へのアクセスとは，大学や

高等教育において若者が職業教育を受けられるアクセスとともに，就労している社会人へ大学の門戸を開く「大学開放」もこの目標において重要となる。具体的には，正規の学生となるための社会人対応の入試制度や雇用側による休職制度の整備などが課題である。また正規の教育課程ではないが，大学が持つ知の解放として公開講座がその役割を担っており各大学に「エクステンションセンター」「生涯学習センター」などが設置されている。しかし，社会人への大学対応の2017年調査では，「公開講座を実施すること」97.1%，「社会人入学者を受け入れること」87.5%である一方で，「社会人の学び直しに関すること」（公開講座や正規授業等を通して実施され，主に「受講者が，現在の仕事・職業や今後の就職や転職などに役立つ専門知識や能力を身につける」「受講者個人の仕事に関する今後のキャリア形成に資する」ことを目的とする取組）59.2%に止まっている[8]。

　4.4の指標には，職業技術の中でも，いかなる仕事でもICT技術が必要とされる現代において，ICT技術の習得が指標に設定されている。目まぐるしいスピードで変化するICTへの対応は，「雇用，働きがいのある人間らしい仕事（ディーセント・ワーク），起業」には不可欠であり，さらにいったん習得した技術が長く活用できないということもあるため，継続的な教育の機会が必要とされる見方である。初歩レベルの講座は公民館や行政主催の講座が見られるが，専門的な研修は民間が主となる。技術・職業教育の機会保障のためには，雇用側のワーク・ライフ・バランス（賃金や勤務時間を含む労働環境が生活と調和の取れるものであること）の実現も不可欠である。

　4.5は社会のマイノリティに対する教育保障である。マイノリティとは，数の少数派を意味するだけではなく，権力関係から社会的に脆弱な立場におかれる存在である。女性，セクシャル・マイノリティ，外国籍，障害者，先住民族，低所得層などが挙げられるが，さらに，現在もしくは過去において，慢性疾患を抱える人，不登校である人，ヤングケアラー（若い頃から家族のケアにあたってきた人），虐待を受ける人たちといった，教育にアクセスしにくいマイノリティの存在がある。強固な学校制度がある中で，そこに通える（アクセスできる）人達への教育保障がされていても，むしろその強固さゆえに，そこにアクセスできない人達への教育保障とは格差がある。「学校

に通えない」・「通えなかった」ということは安定した職業生活を困難にする。この点は，4.6の識字等の基礎教育保障の問題に関わる。「あらゆるレベルの教育や職業訓練」という意味では，多様な教育の機会保証が必要になるが，例えば全国にたった31校しかない公立中学校夜間部の増設による義務教育未修了者や形式卒業者の学習機会提供，民間のあらゆる子どもの学習支援や成人学習支援活動の助成，認定されないオルタナティブスクール等への制度保障などが課題である。

　最後に付言しておきたいのは，世界の成人教育・学習支援を行うCSOからは，これらのSDG4は，貧困層やマイノリティといった周辺化された人々を中心に置いたものではないという問題点の指摘がされていることである[9]。生涯学習的観点に成人教育・学習を包含させ，教育のプライバタイゼーションや消費主義を批判的には捉えておらず，周辺化された人々への公的な教育保障の推進や識字と基礎教育普及の意思が強く示されていないという主張である。確かに実施手段である4.a〜4.cと指標は，学校教育の整備に関わる内容になっている。SDGsが普遍主義の方針を採ったがゆえに，対象に想定される人々の幅広さがある中，学校教育の重点化が見られる。結果的なSDG 4に不十分さがあるとしても，これらのゴールの中で，対象者を「すべての」と掲げている以上，指標内容やモニタリング対象に，周辺化された人々や制度保障の問題を位置づけてみていく必要性がある。

5 • おわりに —— 「持続可能な開発」をつくる価値 ：問われるターゲット4.7

　ターゲット4.7は，学校教育にも成人教育にも共通する，人権尊重，ジェンダー平等，平和構築といった教育内容の価値に関わる。そして，国連やユネスコの取り組んできているESD（持続可能な開発のための教育）やGCE（グローバル市民教育）の価値を表している。しかし，4.7に記載された「持続可能な開発を推進するための知識とスキル」とは何であるかは，学校教育，成人教育の両方で吟味構築していかなければならない。

　それをふまえ，これらの価値の教育における実現には，「公正」「共生」

「参加」の理念がどれほど現場で実行されていくかが鍵となることを最後に提起したい。SDGs策定へと導いた重要な会議となった2012年「リオ＋20」の地球サミットで，ウルグアイのホセ・ムヒカ大統領（当時）はこう問いかけた。「西洋の富裕社会がもつ同じ傲慢な消費を世界の70から80億の人たちができるほどの原料がこの地球にあるのでしょうか？」このことは，先進国が決して目をそらしてはいけない現実である。一方で途上国の人々が先進国の人々のような暮らしをしてはならない理由にはならない。地球社会での「公正」な暮らしには，盲目的な経済成長や発展ではなく，人権保証や環境保護的価値観に基づいた豊かさが求められることを示唆している。また地球の持続可能性には，人が殺し合い，著しい環境破壊を引き起こすような戦争のない平和が不可欠であり，平和を実現するための憎悪と分断を否定する「共生」を模索しなければならない。「公正」と「共生」の社会は，SDGs策定に大きく貢献した人達をはじめとする草の根の人々の「参加」の実現によって導かれる。同様に，人々のあらゆるレベルでの意思決定や居場所への「参加」も実現していかなければならないといえる。

　教育における「持続可能な開発を推進するための知識とスキル」という課題は，「公正」「共生」「参加」といった概念の具体化の方策を，内容・方法ともに学ぶことによって実現されていくと思われる。

註
1)　本稿におけるアジェンダは，外務省仮訳に主に準じる。外務省ホームページに掲載。https://www.mofa.go.jp/mofaj/gaiko/oda/sdgs/about/index.html（2020年1月6日最終閲覧）
2)　一般的には「説明責任」と日本語訳されるが，今田（2014）は，accountabilityという用語が使われる文脈は，「きっちり説明せよという要求に応える責任」というものであり，そこから「要求に答えられる責任」をより忠実に表した言葉として「答責性」という訳語を採用している。
3)　「環境と開発に関するリオ宣言」実行するための「アジェンダ21」「気候変動枠組条約」「生物多様性条約」などが採択された。
4)　NGOやNPO，財団法人といった民間の社会貢献団体やグループがそれにあたる。
5)　制度化された教育。ノンフォーマル教育は，学校教育課程（学習指導要領で定められ

る課程）以外の教育であり，日本では社会教育領域がそれにあたる。

6)　1999年のソウルにて技術や職業に関する教育・訓練領域の総称となり，2000年に UNESCO-UNEVOC（International Center for Technical and Vocational Education and Training）の国際センターがドイツに設立された。

7)　"Strategy for Technical and Vocational Education and Training（TVET）（2016-2021)," UNESCO, 2016

8)　『開かれた大学づくりに関する調査研究』 文部科学省委託調査　株式会社リベルタス・コンサルティング，2018年。

9)　本書第Ⅳ部参照。

【参考文献】

今田克司「ポスト2015年開発枠組み策定におけるグローバルな CSO の主張と参加」国際開発学会編『国際開発研究』第23巻第 2 号，2014年。

蟹江憲史編『持続可能な開発目標とは何か』ミネルヴァ書房，2017年。

田中治彦，三宅隆史，湯本浩之編『SDGs と開発教育』学文社，2016年。

西村幹子・笹岡雄一「教育の平等・公正に関するグローバル・ガバナンスと開発」国際開発学会編『国際開発研究』第25巻第 1 ・ 2 号，2016年。

古沢広祐「『持続可能な開発・発展目標』（SDGs）の動向と展開—ポスト2015年開発枠組みと地球市民社会の将来」国際開発学会『国際開発研究』第23号第 2 号，2014年。

山田肖子「SDGs4形成過程の言説分析に基づくグローバルガバナンス再考」国際開発学会編『国際開発研究』第25号第 1 ・ 2 号，2016年。

湯本浩之，西あい編『グローバル時代の「開発」を考える』明石書店，2017年。

吉田和浩「SDGs 時代における教育グローバル・ガバナンスの特徴と課題」国際開発学会編『国際開発研究』第25号第 1 ・ 2 号，2016年。

〔近藤　牧子〕

【学びのポイント】
・SDGs の特徴の一つは，策定までの過程に市民社会，政府，国際機関とい
　ったあらゆる人たちの参加があったこと。
・SDGs において実施手段が重視されるのは，達成の方法，過程の公正さを
　求めているからである。
・SDG4 の7つのターゲットと，日本の教育問題は関連すること。

第 ③ 章 ◇◇◇

ユネスコの
グローバル・レポート（GRALE）
にみる世界の成人教育

◇◇

> **キーワード**：成人学習・教育に関するグローバル・レポート（GRALE），
> 行動のためのベレン・フレームワーク（BFA），識字，ガ
> バナンス，ウェルビーイング

● はじめに

　国連やユネスコ等の国際会議においては，会議の終盤に必ず国際的な合意
が取り交わされる。国際的に合意されたことを単なる「合意」に終わらせる
のではなく，その実現のために成果を出すには，参加各国の取り組みや達成
度を定期的に評価し，結果の報告を広く世界に示すことが必要となる。本章
では，第6回ユネスコ国際成人教育会議で合意に至ったことがその後どのよ
うにして評価され，そこからどのような成人教育の現状と課題が浮かび上が
っているのかを，ユネスコ（United Nations Educational, Scientific and
Cultural Organization, 以下 UNESCO）の勧告や報告書をもとに探っていき
たい。

1 ● UNESCO とグローバル・レポート

　UNESCO とは，「諸国民の教育，科学，文化の協力と交流を通じて，国際
平和と人類の福祉の促進を目的とした国際連合の専門機関」[1] である。

UNESCO には，"institute" と呼ばれる研究機関が7つあるが，そのうちの
ひとつであるユネスコ生涯学習研究所（Unesco Institute for Lifelong
Learning, 以下 UIL）は，本部をドイツのハンブルクに置き，成人継続教育，
識字，ノンフォーマルな基礎教育を中心に，加盟国の生涯学習の発展のため
に活動している[2]。UIL の歴史は1950年代にまでさかのぼり，これまで6回
に わ たって 国 際 成 人 教 育 会 議（International Conference on Adult
Education, CONFérence INTernationale sur l'Education des Adultes, 以下
CONFINTEA）[3] を UNESCO 本部と共に開催してきた。したがって本章で
言及する UNESCO の勧告や報告書の作成の中心となっているのは UIL であ
る。

2009年にブラジルのベレンで開催された第6回国際成人教育会議（以下
CONFINTEA VI）には144か国が参加し，最終報告書「行動のためのベレ
ン・レームワーク」（Belem Frame Work for Action: Harnessing the power
and potential of adult learning and education for a viable future，　以下
BFA）を採択した。BFA は「生涯学習は，世界的な教育問題とその困難な
状況に対処するための不可欠な役割を担って」おり，「成人の学習と教育は
生涯学習プロセスの重要な構成部分であり，フォーマル，ノンフォーマル，
インフォーマルな学習のすべてを包含するものである」と述べ，その実行状
況の観察と「成人の学習と教育の政策決定者に向けた，根拠のしっかりした
信頼性のある量的・質的データの必要性」を確認している。具体的には，
「2015年の EFA（Education for All，万人のための教育）と MDGs（Millen-
nium Development Goals, ミレニアム開発目標）[4] のタイムラインと呼応さ
せながら，CONFINTEA VI の中間評価のための国別進捗報告書を作成」す
ると共に，ユネスコとその機構に「成人学習・教育に関するグローバル・レ
ポート」（GRALE, Global Report on Adult Learning and Education）の作
成を求めている。つまり，GRALE はベレン・フレームワークの目標を世界
各国がどこまで達成しているかを把握し，それをもとに世界の成人教育の現
状と課題を考察するためのツールであるといえよう。

2 • GRALE I から GRALE II へ

　2009年の CONFINTEA VI の開催に先駆け，同年4月，第一次成人学習・教育に関するグローバル・レポート（GRALE I）が発表された。これは，154のユネスコ加盟国から提出された国別報告書と5つのリージョナル・レポートを基に作成された成人の学習と教育に関する総括的な報告書であり，世界の成人の学習と教育の全体像を俯瞰するとともに主要な課題を抽出している。この報告書をもとに同年12月開催の CONFINTEA VI の議論が展開し，その後の BFA へとつながったものである。表3-1に示す通り，この報告書は全部で6章から成り，世界の成人教育の傾向と主要な課題を述べている。

表3-1　GRALE I の構成

第1章　成人学習・教育の事例
1.1　国際教育と開発政策の範疇の成人教育
1.2　生涯学習の枠組みにある成人教育
1.3　成人教育の推進
第2章　成人教育の政治的背景とガバナンスの枠組み
2.1　成人教育政策の展開
2.2　成人教育のコーディネートとガバナンス
2.3　結論
第3章　成人教育の提供
3.1　成人教育の分野
3.2　成人教育理解のための国際的分類
3.3　結論
第4章　成人教育への参加と公正
4.1　成人教育への参加率の低さ
4.2　成人教育参加の不平等

　BFAから4年後の2013年に，国連加盟国141か国から提出された国別報告書を基に第二次成人教育・学習に関するグローバル・レポート（GRALE II）が発表された。このレポートはBFA採択後に初めてその目標の進捗状況を検証したものであり，主に政策・ガバナンス・財政といった数値化しやすい部分に照準が定められている。また議論の前提として，識字を成人学習・教育の基盤として位置づけ，世界的課題として論じているところに特徴がある（表3-2）。

表3-2　GRALE IIの構成

3 ● GRALE III にみる世界の成人教育の現状と課題

　2015年11月，第38回ユネスコ総会において，成人学習・教育に関する勧告が採択された。その後2017年には，第三次成人学習・教育に関するグローバル・レポート（GRALE III）が，139の国連加盟国による BFA の目標達成評価報告書をもとに発表された。これは2017年の中間評価会議に先駆けたもので，その時期から推察できる通り，中間評価会議のプログラムは GRALE III の内容の検証と考察を基に作られて議論が展開された。表3-3は GRALE III の構成であるが，本節では，成人学習・教育の基盤である識字をめぐる状況を確認した後，GRALE III の第一部から政策・ガバナンス・財政に関する現状把握を，また GRALE III の第二部からこのとき初めて俎上にあがった「健康とウェルビーイング（health and well-being）」を取り上げよう。

(1)　識字をめぐる状況

　GRALE II でも重視されていたように，識字はあらゆる技能を発達させるために必要不可欠な基本的能力である。しかし GRALE III によれば，世界の成人の識字力のレベルは驚くほど低い。「世界では約7億5,800万人の成人，そして約1億1,500万人の青年（15歳から24歳）が単純な文章の読み書きができない状況にある。万人のための教育の目標であった『2015年までに識字

率50%』を達成したのは39か国にすぎず，その他の国はいまだその目標を達成していない。回答者（国）の85%が，識字と基礎教育が成人学習・教育政策の最優先課題であるとしている。成人学習・教育政策決定者は，識字力や基礎的学力の低い成人に特に注意を払っている。収入の有る無しにかかわらず成人が識字力と基礎的学力を獲得することは，多くの国の最優先課題である」[5]。

(2)　政策・ガバナンス・財政[6]

〈政策〉

　まず政策について，BFA では加盟国に成人学習・教育の法制度の整備を求め，GRALE III の検証委員会は2009年に比べて各国の法制度の整備が進んだが否かを尋ねた。その結果は以下の通りである。

- 回答者（国）の75%が2009年よりも法制度の整備が進展したと考え，70%は成人学習・教育に関する新しい法を施行した。
- 成人教育関連法の中でも識字力と基礎的能力が優先課題であると回答した国が全体では85%を占めたが，中・東欧諸国では57%であった。
- 回答者（国）の81%が識字力と基礎的能力の低い人々を対象とした法を整備していた。
  他方，民族や言語，宗教の面で少数派の人々を対象とした法を整備していた国は18%に留まり，移民や難民を対象とした法を整備していた国は17%に留まっていた。さらに障害を有する成人を対象とした法を整備していた国も17%のみであった。
- 回答者（国）の41%が2009年より前からノンフォーマルやインフォーマルな学習を認証・認定する法的枠組みを整備しており，30%が2009年以降に法的枠組みの制定を行ったが，29%はまだ何もしていない。

　以上から，法的整備の改善，成人学習・教育の対象の多様化という課題が鮮明となる。特に成人学習・教育政策の対象では，上述の17%にも満たない

者として，両親・家族，高齢者・退職者，単身の親の存在が明らかとされた[7]。

〈ガバナンス〉

　次にガバナンス（統治のプロセス）について見ていこう。BFA ではガバナンスに関して二つの合意に達していた。すなわち，①成人学習・教育政策を実行に移す際には透明性，説明責任，公正を重視すること，②成人学習・教育への参加に当たっては全ての利害関係者が学習者，とりわけ不利益層の要求に応えることである。これに対し GRALE III では，次のように検証している。

　・回答者（国）の68% が成人学習・教育のガバナンスが2009年よりも分散化が進んだと答えているが，32% は進んでいないとしている。うまくいっている例を参照すると，国が全体の調整，財政，助言をし，地方組織が学習要求を確認しプログラムを提供するような関係にある。すなわち GRALE III は，2009年よりもガバナンスの分散化が進みローカルなレベルで学習機会が提供されるようになったと評価している。その上で，今後の課題は国や自治体といった異なるレベルの政府が学習要求のアセスメントを的確に行えるように力量形成をはかることであると結論付けている。さらに，学習者間の格差を埋めるために国と自治体が結合した主導権（joined-up initiative）を発揮する必要があると提唱して締めくくっている。

表3-3　GRALE III の構成

第一部
　はじめに
　第1章　行動のためのベレン・フレームワークの検証
　　1.1　成人学習・教育の定義と行動計画
　　1.2　政策
　　1.3　ガバナンス
　　1.4　財政

〈財政〉

　最後に財政について，BFA では成人学習・教育に全般的な公費の負担増を求めると共に，政府省庁間の横方向の財政戦略，経済界や NGO 及び個人に投資を促す動機づけ，さらに周縁に位置する社会的不利益層への更なる配慮の必要性が強調された。

　これに対し，世界の財政事情はどのように変化したのだろうか。GRALE Ⅲ の検証は以下の通りである。

・成人学習・教育に対する公費負担は低い傾向にある。回答国の42%が公教育予算の1%未満しか支出しておらず，4%以上支出している国は23%に留まる。
・2009年から20014年にかけての公費負担の変化については，46%が支出増であったのに対し，13%の国は予算が減っている。
・いくつかの明るい見通しもある。すなわち回答国の57%（定所得者層の多い国の90%）が，今後の成人学習・教育の予算を増やす予定である。

　このように財政に関しては，成人学習・教育があまり重視されていないことが見て取れる。そして財政に関しては，調査対象国の回答率が低いことも懸念材料である。GRALE Ⅲ の調査に回答を寄せた139か国の中で，財政について回答した国はわずか31%でしかない。従って財政をめぐる今後の課

題は，第一に情報の透明性である。筆者は第6回国際成人教育会議・中間総括会議の財政分科会に出席したが，出席者の中から「財政に関する（各国）政府の回答を読んで，それが正しい情報だと信じる人などいないだろう」という発言もあったことを申し添える。

なお GRALE III では財政に関する課題を次のように述べている。

　2009年以降，成人学習・教育財政は引き続き厳しい状況にある。米国や EU，中国などの主要国における2008年の財政危機とその後の経済の衰退の影響を受け，世界中の国家財政が緊迫している。それに加えて成人学習・教育に対する予算は，健康，社会基盤，社会福祉といった優先課題を前に競争を強いられている。さらに成人学習・教育の分野の複雑さゆえに，政府内部の省庁間の連携が弱く財源を効果的に活用することが難しい状況にある[8]。

(3)　健康とウェルビーイング

　ウェルビーイング（Well-being）という言葉は，1946年の世界保健機関（WHO）憲章草案において，「健康」を定義する記述の中で「良好な状態（well-being）として用いられたが，それは「個人の権利や自己実現が保障され，身体的，精神的，社会的に良好な状態にあることを意味する概念」[9]である。ウェルビーイングの定義には様々あるが，神馬によれば，「日本では福祉と訳されることが多い」が，「ポジティブ心理学の進展によってウェルビーイングは一時的幸福の先にある持続的幸福として捉えられるようになってきた」[10]という。

　GRALE III では，成人学習・教育と健康・ウェルビーイングとの関係が今日ますます重要度を増している理由を3点挙げている。すなわち，①「医療関連の予算が緊迫する中で成人教育・学習は病気の予防と健康的な生活を啓発する有益な方法であること」，②「今日健康の概念は（病気でないという消極的な意味から）ウェルビーイングな状態という概念に拡大し，学習や教育によって人々が生活の質や意味をコントロールできると考えられるよう

になったこと」，③「SDGs（持続可能な開発目標）は政府全体に渡る政策を求めているが，健康な生活をもたらすためには医療制度だけでは不十分であること」である。

　表3-4は成人学習・教育への投資が健康・ウェルビーイングにもたらす効果についての見通しを示しているが，このように GRALE III が成人教

表3-4　成人学習・教育への投資が健康・ウェルビーイングにもたらす効果

効果	個人のレベル	国民全体のレベル
相対的な健康	欠席率（学校）が低く学習効果が良好 欠勤率（職場）が低い 家庭における責任を果たす能力 コミュニティに参画する能力	人的資本の増加 社会経済や社会生活への市民参加
健康的な行動や態度	健康に対する個人的責任の増大	予防医学や健康文化に対する肯定的態度
平均余命の拡張	平均余命の拡張 障害がなく自立した生活の拡張	障害のない平均余命の拡張 低い介護費用
病気・通院・入院の減少	病気である期間の減少 自己管理と良好な健康	公的医療システムのコストの減少（入院治療が減少し，通院治療が増加）
心の健康増進とうつ状態の減少	事態に対応する力と方策の向上 生活の質の向上 生活満足度の増加	生産性のある，自立的な国民の増加
世代間の効果		健康世代の増加

出所：Table 2.1 (*3rd Global Report on Adult Learning and Education*, p.60) をもとに筆者作成

表3-5　成人学習・教育の健康・ウェルビーイングに対する効果の阻害要因

要因	非識字	世帯収入の格差	教育の質,訓練資料,職員訓練,職員能力の低さ	ALEプログラム情報の入手困難	部署間,セクター間の協力不足	コミュニティの抵抗	不十分な,不適切な財政
回答国の数 （139か国中）	90	56	45	41	49	39	64

出所：Table2.2 (*3rd Global Report on Adult Learning and Education,* p.79) をもとに筆者作成

育・学習における課題として健康とウェルビーイングに改めて注目していることは明らかである。

　では現状はどうなっているだろうか。GRALE III によれば，教育から健康へ至る道筋は単純ではない。すなわち世界の様々な社会経済的，文化的文脈の中で，学習や健康に対するニーズは一枚岩ではなく，あるコミュニティにおいて健康的であることが別のコミュニティでは不健康とされるということがおこる，という。また回答者（国）の9割近くが健康に果たす成人学習・教育の役割を認めているが，様々な要因が成人学習・教育の健康・ウェルビーイングへの効果を妨げている（表3-5）。

　SDGs の第三目標である「あらゆる年齢層の人々の健康的な生活を保証し，すべての人のウェルビーイングを促進する」という目標を達成するためには成人学習・教育が重要な手段となるが，表3-5から明らかなように，健康・ウェルビーイングの分野においても成人学習・教育のグローバルな課題は識字と財政にあるということが改めて浮き彫りにされた。

4 • まとめ

　本章では，成人学習・教育をめぐる現状と課題について，GRALE I ～ GRALE III に焦点を当てて検討してきた[11]。そして改めて，識字，財政，健康とウェルビーイングという三つの課題を明らかにした。識字と財政の問題を突き詰めていくと，世界の経済格差と貧困の問題に行き着く。そこで最後に，「貧困問題の分析に画期的な革新をもたらした」[12] アマルティア・セン[13] に学び，まとめとしたい。

　センは，ウェルビーイングの測定の枠組みとしてケイパビリティ（潜在能力）アプローチをとったことで有名である。センは，その著書『不平等の再検討』の中で，「個人の福祉（well-being）は，その人の生活の質，いわば『生活の良さ』として見ることができる。生活とは，相互に関連した「機能」（ある状態になったり，何かをすること）の集合からなっていると見なすことができる。このような観点からすると，個人が達成していることは，その人の機能のベクトルとして表現することが出来る」[14] とし，「個人の福祉は，

その人の置かれている状態の性質すなわち『達成された機能』に完全に依存していると考えがちである」[15]が（そうではなく），「潜在能力は『様々なタイプの生活を送る』という個人の自由を反映した機能のベクトルの集合とし表すことができる」[16]と述べている。すなわち，潜在能力とは，「人が善い生活や善い人生を生きるために，どのような状態（being）にありたいのか，そしてどのような行動（doing）をとりたいのかを結びつけることから生じる機能（functioning）の集合」[17]のことである。

　センのケイパビリティ・アプローチについて，黒崎は次のようにわかりやすく説明している。ケイパビリティ・アプローチを理解する上で大きな助けとなるので，ここで一読してみよう。

　　ケイパビリティ・アプローチを飢饉や飢餓の問題に当てはめると，飢餓とは，食料という単なる財ないしはそれへのアクセスが不足している状態なのではなくて，むしろ，食料やその他の財・サービスを用いて達成される「十分な栄養を得る」という基本的なケイパビリティが剥奪された状況と捉え直すことができる。飢餓を避けることができるかどうかは，現時点で手に入れることのできる食料のみではなく，栄養摂取の能力や必要量を左右する要因，例えば現在利用可能な保健衛生サービスや過去の食料摂取の結果としての健康状態にも影響される。したがって，保健衛生や健康状態といった広い意味の保健が，財としての食料と並んで，あるいはそれ以上に重要になる[18]。

　このアプローチは成人教育・学習に対して大きなヒントとなるのではないか。なぜならウェルビーイング（という状態）は他から与えられるものではなく，人が主体的に関わるものであり，そこには学習・教育が介在するからである。成人学習・教育を通してウェルビーイングが実現できれば，それは非識字や財政の問題，ひいては貧困の克服という世界的課題を解決するための糸口となるのではないだろうか[19]。

註

1） http://www.mext.go.jp/unesco/003/001.htm,（2019年 7 月14日最終閲覧）。

2） http://uil.unesco.org/unesco-institute,（2019年 7 月14日最終閲覧）。

3） CONFINTEA とは国際成人教育会議のフランス語の名称の短縮形である（http://uil.
unesco.org/adult-education/confintea, 2019年 7 月14日最終閲覧）。

4） MDGs は2000年 9 月の国連ミレニアムサミットで採択された国連ミレニアム宣言を基
にまとめられたもので，極度の貧困と飢餓の撲滅など，2015年までに達成すべき 8 つの
目標を掲げたものであるが，その後継として，2015年 9 月に国連サミットにおいて，国
際社会の開発目標として SDGs（持続可能な開発目標）が設定されている。

5） 3rd Global Report on Adult Learning and Education: Key Messages and Executive
Summary（https://unesdoc.unesco.org/ark:/48223/pf0000245917/PDF/245917eng.pdf.
multi）（2019年 3 月25日最終閲覧）。

6） 政策・ガバナンス・財政に関する現状分析は，3rd Global Report on Adult Learning
and Education: Key Messages and Executive Summary
（https://unesdoc.unesco.org/ark:/48223/pf0000245917/PDF/245917eng.pdf.multi）
（2019年 3 月25日最終閲覧）及び3rd Global Report on Adult Learning and Education
（https://unesdoc.unesco.org/ark:/48223/pf0000245913/PDF/245913eng.pdf.multi）
（2019年 3 月25日最終閲覧）を参照。

7） 3rd Global Report on Adult Learning and Education, p.34.

8） 3rd Global Report on Adult Learning and Education, p.45.
（https://unesdoc.unesco.org/ark:/48223/pf0000245913/PDF/245913eng.pdf.multi）
（2019年 3 月25日最終閲覧）。

9） 知恵蔵の解説（中谷茂一，2007年）による。https://kotobank.jp/word/%E3%82%A6
%E3%82%A7%E3%83%AB%E3%83%93%E3%83%BC%E3%82%A4%E3%83%B3%E3%8
2%B0-182701（2019年 3 月27日最終閲覧）

10） 神馬征峰「アドボカシー実践に必要な 2 つの成長」『日本健康教育学会誌』25巻 2 号，
2017年，pp.107-110。
https://www.jstage.jst.go.jp/article/kenkokyoiku/25/2/25_107/_article/-char/ja/
（2019年 3 月27日最終閲覧）

11） なお現在 UNESCO では，CONFINTEA VII に向けて世界の成人教育・学習の現状
と課題をさらに把握するために GRALE IV を編纂中であり，2019年にウェブ上で発表
される予定である（http://uil.unesco.org/adult-education/global-report）（2019年 3 月
30日最終閲覧）。

12)　黒崎卓「貧困・不平等研究におけるセンの貢献」絵所秀紀，山崎幸治編著『アマル
ティア・センの世界——経済学と開発研究の架橋——』晃洋書房，2004年，p.90。

13)　Amartya Sen（1933年11月，インド生まれ）は，インドの経済学者であり，1998年
に福祉経済学と社会選択理論及び社会の貧困層に対する研究でノーベル経済学賞を受賞
している。センの研究は，飢餓の原因分析に大きな貢献をし，世界の食糧不足解決のた
めの具体的な解決策を探る上で大きな助けとなっている（Encyclopaedia Britannica,
https://www.britannica.com/biography/Amartya-Sen, retrieved 08/02/2019）。

14)　アマルティア・セン（池本幸生・野上裕生・佐藤仁訳）『不平等の再検討——潜在能
力と自由』岩波書店，1999年，p.59。

15)　同上，p.60。

16)　同上，p.59。

17)　アマルティア・セン（大石りら訳）『貧困の克服——アジア発展のカギは何か』集英
社，p.167。

18)　黒崎卓，前掲論文，p.91。

19)　ウェルビーイングと成人学習・教育に関しては，社会福祉・社会事業と社会教育の
結合であるソーシャル・ペダゴジーの理論が示唆的であるが，紙幅の都合上本章では割
愛する。詳しくは，藤村好美「社会的排除に挑む Social Pedagogy —— カナダ難民研究
センター調査報告 ——」松田武雄編『社会教育と福祉とコミュニティ支援の比較研究』
（科学研究費補助金基盤研究（B）研究成果報告書・その2）及び松田武雄編著『社会教
育と福祉と地域づくりをつなぐ——日本・アジア・欧米の社会教育職員と地域リーダ
ー』大学教育出版，2019年を参照されたい。

〔藤村 好美〕

【学びのポイント】
・GRALE Ⅲ を読むことで，世界の成人教育をめぐる現状を課題は何かを探
っていく。
特に本章では，識字，政策・ガバナンス・財政，健康とウェルビーイング
に注目する。

第 II 部

グローバルな成人教育の
現代的課題

教育の「質（Quality）」の保障に向けた課題

"GRALE III（第三次成人学習・教育グローバルレポート）"と
第6回国際成人教育会議・中間総括会議・分科会の議論から

◇◇◇

> **キーワード：**成人教育者・ファシリテーター，成人教育の資格，成人教育の専門者養成，指定管理者制度

● はじめに

　例えば「製品が高品質だ」「良質な製品だ」といえば，「丈夫で長持ち」「性能が高い」などというイメージは湧きやすい。「質の良い食べ物」なら安全性や美味しさといったところである。では，「良質な教育」とはどのような教育であろうか。そもそも教育の質とは，教育の機会や環境，教育者の配置と資格や役割，教育内容などを総合的に捉える概念である。よって「教育の質を保障する」と一言で言っても，どのような場合も共通するような普遍的，絶対的な質の基準があるものではない。また教育現場や学習者は多様であり，何をどうすることが「教育の質の保障」となるのかの観点や基準は，各教育実践で検討されながら取り組む必要がある。

　そして，教育者側からの視点だけで質を決めることはできない。学習者側にとってその教育にはいかなる意義があったのか，なかったのか，何を学んだのか，学べなかったのかという評価も不可欠に考慮されなければならない。「教育の質の保障」には，教育者や学習者，それを取り巻く人々が多面的に検証し，何が質の保障となるのかを合意形成しながら，方策を進めていくことが必要になる。

SDG4 の目標には，「すべての人々に包摂的かつ公平で質の高い教育を提供し生涯学習の機会を促進する」と掲げられたものの，その取り組みの範囲は広大である。本章では EFA に向けて採択された「行動に向けたベレンフレーム・ワーク」（以下，ベレン行動枠組み）や，それに基づいたグローバルレポートによる各国の進捗状況をふまえ，何が論点となっているかを明らかにしつつ課題を示すこととする。

1 ● ベレン行動枠組みで示されている「質」とは

　教育の質に関する具体的議論が展開される原点は，ベレン行動枠組みである。2009年に第 6 回国際成人教育会議で採択された EFA を実現するための具体的な行動目標である。以下はその中の「質」の項目の抜粋である（文部科学省，2009）。

---

16. 学習と教育の質は，継続的な注意と開発を要する，相対的かつ多次元的な概念であり，取組みである。成人学習の質を高める文化を醸成するには，関連するコンテンツとそれを届ける手段，学習者を主体としたニーズの査定，複数の能力と知識の取得，教育者の専門化，学習環境の充実，個人やコミュニティへの権限付与などが必要である。目標を達成するために，我々は以下を表明する。

(a) 結果と影響の測定を考慮に入れ，成人教育プログラムのカリキュラム，学習素材，教育方法における質の基準を開発する。

(b) 提供者が多様かつ多数であることを認識する。

(c) 高等教育機関，教師による団体，また市民社会組織とのパートナーシップの確立などを通じて成人教育の教育者の研修，能力開発，雇用条件および専門化を改善する。

(d) 様々なレベルで成人の教育結果を評価する基準を開発する。

(e) 正確な質の指標を設定する。

(f) データと優れた取組みの収集，分析，普及を行うための知識管理システムによって補完された，成人教育の系統的かつ学際的なリサーチへの支援を増大させる。

　前文では，教育の質は継続的に吟味改善への絶えざる努力を要し，また共通する普遍的で絶対的な質が必ずしもあるのではなく，状況や学習者のニー

ズに応じた相対的なものであることが確認されている。(a) (d) (e) が，質の評価基準を設定する目標であり，(b) が教育者の量，(c) が教育者の専門性，(f) が調査研究の充実に関する目標である。

　評価基準を設定する目標に関しては，教育者が各実践で提供するカリキュラム，学習素材，教育方法の質の基準を設け (a)，提供した後の結果を評価できる基準を設け (d)，包括的な質の指標を設定し (e)，それらを基に，成人教育の研究を深めていく支援を増大させる (f)，という流れが見てとれる。実践個別の内容や方法と結果の吟味検討から指標の設定をしていき，包括的な質についての研究を深めることと連動して，実践と研究の底上げによる質の向上が想定されている。

　教育者に関する目標については，成人教育実践が教育活動単体として実践されるだけではなく，社会課題に取り組む多領域の多様な活動の中で展開され，多様な立場の成人教育者が存在することをふまえること (b) が示されている。そうした教育者が研修や能力開発をし，雇用条件を確立していくことから専門性を認めていく仕組みづくりが高等教育や教育者集団，CSO のパートナーシップを築くことで確立されていくことを目標にしている。

2 • GRALE III からみる世界の「質」への取り組み

　では，ベレン行動枠組みの各国評価報告の2016年版である "Third Global Report on Adult Learning and Education"（以下，GRALE III）において，教育の質がどのように評価されてきたのかを概観する。GRALE III では，成人学習・教育の質をモニタリングする上で，五つの領域を評価報告している。その五つの領域に関する設問と結果をみてみよう。

　まず領域１についてである。高い比率を見せた「検定や資格発行」「修了率」のデータ収集は比較的容易すくできる。一方で経済的社会的利益に関する成果の情報を得るには，量的調査とは異なった手法によるデータ収集や，各部局にまたがる調査への参加，長期スパンの分析を必要とする。よってそれらを得たり求めたりすることの難しさが示されている。

領域1）成人学習・教育の成果に関する情報収集の状況

「あなたの国では，組織的に下記の成人学習・教育成果について情報を収集していますか？」（139カ国回答）

資格認定や資格発行について	72%
修了率について	66%
雇用成果について	40%
健康，幸せ，社会的一体性における社会的成果について	29%
何もデータを得ていない	17%（23カ国）

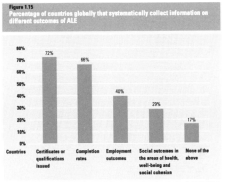

領域2）成人学習・教育者，ファシリテーターに対する，現場に立つ前の教育や研修プログラムの存在

「あなたの国では，成人学習・教育者やファシリテーターに対する初期，事前教育や研修プログラムがありますか？」（134カ国回答）

「ある」と回答した国々の割合

〈地域別（%）〉

中南米	67
中央・東ヨーロッパ	76
北アメリカ・西ヨーロッパ	77
アジア太平洋	89
アラブ諸国	92
サハラ以南アフリカ	81

〈所得グループ別（%）〉

高所得国	78
中流上位所得国	83
中流下位所得国	78
低所得国	85

領域2のデータは，実際の研修参加状況を考慮していない，研修の有無に関するだけであり，データである。そして，「質の向上は，研修次第というわけではない」として，「教育の質の向上には，教育設備や教具，カリキュラムと同様に，研修にのみ依存せず，教育者の動機や金銭的，非金銭的なやる気なども重要である」（p.57）としている。また，生涯学習・教育の教育者やファシリテーターの初期・継続した研修機会の提供は，フォーマル教育だけではなく，ノンフォーマル教育としても提供されるべきとされている。

　事例として，　韓国の生涯教育法第24条で生涯学習教育者（lifelong learning educator）は，「プログラムの立案から実行，分析，評価そして教えることに至る生涯学習のプロセス全体のマネジメントに責任を負う現場の専門家である」と定められていることを挙げている。そして，生涯学習教育者の資格は，関連分野の大学・大学院における学術的単位や指定された期間の研修コースを修了することが求められることや，生涯学習関連施設だけではなく，生涯教育のためのあらゆる公的施設に生涯学習教育者を雇用することを勧めている（p.57）状況が紹介されている。

領域3）成人学習・教育プログラムにおいて教えるための資格が求められる状況
「成人学習・　教育プログラムで教えるにあたって資格が求められますか？」
（134カ国回答）

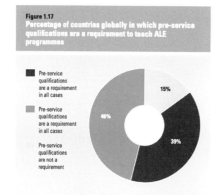

Figure 1.17
Percentage of countries globally in which pre-service qualifications are a requirement to teach ALE programmes

- Pre-service qualifications are a requirement in all cases
- Pre-service qualifications are a requirement in all cases
- Pre-service qualifications are not a requirement

15%
46%
39%

求められる	46%
状況によって求められる	39%
求められない	15%

Source: GRALE III monitoring survey, Question 6.3. Are initial, pre-service qualifications a requirement to teach in ALE programmes?
Total number of responses: 134.

領域3では資格が求められる国が半分以下の割合であったことから，研修機会がほとんどなく必ずしも教える資格が求められない状況が示されている。南アフリカでは，大学や高校を卒業している失業者を，成人教育の識字や基礎教育の教師として短期契約で雇用している例をあげ，「これは成人学習・教育領域の質が保証された教師の欠如を顕著に示している」とし，「資格そのものが成人教育者としての専門性を保証することにならず，初期・継続研修の機会提供や，安定した雇用，公正な給与，成長の機会，成人の教育格差を減らしていくという良い仕事をしている認識などが伴った資格制度が，専門性を確かなものにする」（p.58）としている。大学や高校を卒業していることは，確かに識字や基礎教育を教える学力を備えていることにはなるが，そのことが成人教育者としての専門性を確保することにはならない点を明確に示している。

　またバーレーンでは，資格や教育と研修の質的保障を行う国立機関があり，カリキュラムや教育方法，評価に関して質的基準の7点を課している例も挙げられている。

　領域4については低所得や中流所得国では「十分なものがある」割合よりも，「あるがあまり適切でないもの」の割合が高いが，十分にある状況は低所得国と中流所得国に差異はあまりない。また，「ない」と答えている高所得国の割合も，低所得国や中流下位所得国を上回っている。高所得国に十分なプログラムがある割合が高いことは明白だが，国の所得段階による一定の傾向があるとはいえない。

　領域5では「知識や情報が創りだされることは，教育の質を改善していくためのより強い基盤提供となる」（P.59）ため，成人学習・教育をテーマとした調査研究の進展が，質を評価する基準として設けられている。ドイツからは，成人教育の質に関する幅広い研究活動，データなどが報告されており，ALE専門誌の定期刊行物や，ALEの調査プロジェクトに関するオープンデータベース，識字状況と生活状況を関連づけたデータの存在などが挙げられている。

領域4）成人学習の教育者やファシリテーター対象の，継続した現職教育や研修
プログラムがあるか
「あなたの国では，成人教育の教育者やファシリテーター対象の継続した現職教
育や研修プログラムがありますか？」（127カ国回答）

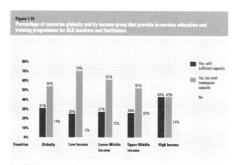

	十分である	あるがあまり 適切なものではない	ない
全体	25%	31%	14%
低所得国	25%	70%	5%
中流下位所得国	27%	61%	12%
中流上位所得国	26%	52%	23%
高所得国	43%	43%	14%

領域5）成人学習・教育の専門化したテーマを生み出す本質的な調査がされているか。知識や情報の生成が質の向上に強固な基礎をもたらす。
「あなたの国では，下記の課題のような本質的な分析がされてきましたか？」
（127カ国回答）

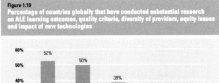

Figure 1.19
Percentage of countries globally that have conducted substantial research on ALE learning outcomes, quality criteria, diversity of providers, equity issues and impact of new technologies

Source: GRALE III monitoring survey, Question 6.5. Since 2009, have there been any substantial analyses of the following issues in your country? Total number of responses: 139.

成人教育・学習の学習成果	52%
カリキュラムや方法といった教育や学習の質的分析	50%
生涯学習の現場や提供者の多様性	39%
成人学習・教育の公正課題について	33%
成人学習・教育における新しい技術の影響	29%

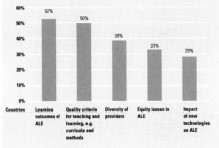

Table 1.9
Countries globally, by region and by income group that have introduced significant innovations to improve the quality of ALE since 2009

	Total no. of responses to question	Countries that have introduced significant innovations	(%)
WORLD	116	75	65%
REGIONAL GROUPS			
Sub-Saharan Africa	27	16	59%
Arab States	12	7	58%
Asia and the Pacific	22	16	73%
North America and Western Europe	18	11	61%
Central and Eastern Europe	14	10	71%
Latin America and the Caribbean	23	15	65%
INCOME GROUPS			
Low Income	16	9	56%
Lower Middle Income	30	22	73%
Upper Middle Income	32	18	56%
High Income	37	26	70%

Source: GRALE III monitoring survey, Question 6.6. Since 2009, has your country introduced significant innovations to improve the quality of ALE?

「導入された」と回答した割合
〈地域別（%）〉

中南米	65
中央・東ヨーロッパ	71
北アメリカ・西ヨーロッパ	61
アジア太平洋	73
アラブ諸国	58
サハラ以南アフリカ	59

〈所得グループ別（%）〉

低所得国	56
中流下位所得国	73
中流上位所得国	56
高所得国	70

最後に，五つの領域に加えて，「あなたの国では，成人学習・教育の質を向上させる意義ある革新が導入されましたか？」（116カ国回答）という設問結果が示されている。

　領域4の各段階所得国と研修プログラムの状況に一貫した傾向が見られなかったこととも関連し，質に関する革新が国の収入によるという明確な示唆はなく，経済的資源にかかわらず，革新は可能であることが示されているとしている（pp.60-61）。

　示された各国の革新的事例は，あらゆる国に渡り，以下にいくつか挙げたが，それ以外にも，ハンガリー，ケニア，マルタ，ニカラグア，スウェーデン，ザンビアなどを革新的な取り組みとしてあげている。

　＊カナダでは，成人識字教育者の資格をマニトバ大学でコース設立とともに作り出した。ニューブランスウィク市では，地域成人学習サービス提供者の質のフレームワークをつくった。ノースウェスト準州は，カリキュラムとリソースを低い識字力の算数コースにて作成した。オンタリオ州は，オンタリオ成人識字カリキュラムフレームワークを作成した。
　＊エジプトでは，各地域レベルで識字教育や成人教育の専門家だけではなく，それをサポートする人たちの資格を創設した。
　＊エストニアでは，成果に基づく継続教育のカリキュラムを決議し，汎用性や継続教育の質を向上させることを新たな目的としている。

　そして，結論として三点がまとめられている。一つ目に，成人学習・教育成果のデータ不足である。2009年に比して，組織的な情報収集はされるようになったが，成人教育・学習への参加による経済的，または非経済的な成果の情報が不足し，モニタリングをするための国際的に比較可能なデータに欠いていることを示している。情報収集の有無は，領域に対するその国の問題関心の高さに比例する。よって，世界各国が成人学習・教育の政策を特に非経済的な成果の視点で重視していない点への指摘となる。

　二つ目に，成人学習・教育の教育者に対する，研修や資格化の制度システム的な整備である。「事前研修や継続的な現場研修，資格化は高い質の提供

を確実にするためにどれも重要な側面ではあるが，ただの側面にすぎないのではない。教育の提供の質をモニタリングするということは，経済基盤，カリキュラム，利用可能性や提供様式だけではなく，制度として生涯学習・教育の組織化を検討し続ける必要がある」（p.62）としている。ベレン行動枠組みでも述べられていたが，質の基準は普遍的にあるものではなく，継続的な発展を必要とする。よって研修や資格化そのものが質を保証するわけではない。固定化された研修や資格があるだけでは，質の保証にはならないため，研修や資格などの提供様式よりも，生涯学習・教育全体の制度的な組織化を重視する必要性が示されている。組織化とはつまり，質的改善を継続して行っていけるシステムづくりである。そしてそのシステムの中で，成人教育者が，学習者のニーズに合わせた指導提供することをサポートする必要性を示している。

　三つ目が，成人学習・教育の研究領域の役割についてである。「成人学習・教育の調査研究は，政策や実践に情報提供し続けるべきであり，知識や情報は成人学習・教育の質の向上に不可欠な役割を果たす」（p.62）としている。政策実施や教育実践を支える土台となる調査研究が推進されなければ，政策としても実践としても継続的な発展は見込めないため，実践的な推進のみならず，調査研究を進めていくことの重要性が示されている。

3 • 中間総括会議（MTR）における「質」の分科会での議論

　CONFINTEA VII に向けた MTR では，GRALE III の結果をふまえつつ，ベレン行動枠組みのキーワードに即した分科会が設けられた。その中の「質」の分科会で展開された議論を報告する。2時間半の分科会であり，およそ40名程度の参加者がおり，ファシリテーターを，ICAE（国際成人教育協議会）[1] 会長のカトリーナ・ポポヴィック氏が担った。

　まず，「質」に求められることのブレーンストーミング[2] を行い，用意された大きな紙に直接参加者が書き込んでいく作業をした。あげられたキーワードを全体共有し，フロアとやりとりしながらその意味の確認と整理をしていった。整理された内容は以下である。

①スタッフの質について
職の安定，調査研究，教育者研修，科学に基づいた思考
②カリキュラムについて
研修教材，調査研究，フォーマル教育との連携（フォーマライゼーションが目的ではない）
③アプローチの方法について

写真　ファシリテーターのポポヴィック氏とブレーンストーミングで出されたアイディア（筆者撮影）

質のフレームワーク，サポートの環境，学習者となるペダゴジーの成功的な反応，学習者とコミュニティのニーズ，学習者をエンパワーするファシリテーション，未来に基づく（future oriented）

④その他の言葉
自己決定，ファシリテーション，専門性，識字の不可欠性，多様性（個人の参加の数を準備するため），質に対する資金，権利に基づくホリスティックな学習

フロアとのやりとりの内容を以下にまとめた。

・（成人学習・教育の）ファシリテーターがボランティアであることが行政に問題として認識されていない。
・（専門者養成が）制度化されていない。多様なバックグラウンドの人が教育者になるが，やはり子どもの教育者と同じでは不適切である。
・"Quolification（資格認定）"に求められるものとは何か。水準点とは何か。「貧しい人のための貧しい教育」になってはいけない。
・質を求めるならお金が必要である。
・先進国とのプロジェクトで「質がある程度に達するまで待とう」と言われたが，質から始めていかなければならないため，質の基準化から（プロジェクトを）始めた経験がある。
・「質」というと未来のことが求められ，新しい質の枠が求められる。新しい質ではなく，どうやって（今ある）質を変えていくのかという話をしていくべきである。

- ・（専門性について）
- ・SDG4には，学校の教員のことは含まれているが，成人教育者のことは含まれていない。
- ・現在とこれからの成人教育者を視野に入れる
- ・資格化を要請する
- ・メカニズムを支援する。
- ・グローバルレベルで成人教育者の声（voice）を創っていく。他のグループが何かをするのを待つのではなく，当事者たちがアドボカシーをしていく。
- ・（上記に対し）グローバルレベルとはどういうものか。ナショナルレベル，ローカルレベルの声も入れていくべきである。
- ・質の定義を誰がするのかということが最も重要。誰かがこれが質だと決めてかかることではない。

※ () 内は筆者の補足。

　まず，しかるべき基準を設けた専門性や資格認定はなされるべきであり，それを職業として成り立つような制度システムがなければ，「質」の「保証（間違いがなく大丈夫だと認め責任をとる。約束する。）」がなされないという意見交換がなされた。また子どもの教育と成人教育とでは，明らかに専門性が異なること，そして「質」を求める制度のためには経費は必要であり，「質」の「保証」をすることから，成人教育のあらゆる整備が始まるとの指摘があった。一方で，「質」とはトップダウン的に決められるものではなく，「質」を創出しながら実践にあたる重要性への共通意識がみられた。

4 • まとめ

　成人教育としての「質」の保障には，成人教育者の専門的な資格認定制度と職業保障が最も大きな課題としてある。しかしそれらは，単独の制度設計として実現していくものではなく，成人教育の「質」を「保証」する専門性について学習者の学習ニーズ，成果としての雇用や社会生活へのインパクトを含めて研究されていく必要性とそのためのデータ収集といったシステマチ

ックな取組みが必要であることが共有された。専門者養成と教育内容の質的
向上は，それぞれの改善によって達成されるのではなく，内容向上のための
現場実践の吟味検討を含めた専門者養成や，それらの吟味検討から生み出さ
れる専門性による基準づくりといったサイクルから達成されうることを認識
し，「質」の向上に取り組むことが課題となる。

　最後に日本の状況に引き寄せれば，第二次世界大戦後，公的社会教育の整
備により社会教育法，図書館法，博物館法などが制定され，公立公民館，図
書館，博物館といった社会教育関連施設が整備された。そしてそれらに配置
される社会教育主事，司書，学芸員といった専門職員の資格制度により，成
人教育実践の独立した専門領域が確保されてきた。しかし，1990年代からの
生涯教育施策推進や NGO/NPO の台頭，2000年代の社会教育関連施設への
指定管理制度（民間委託制度）導入，今後展開される社会教育の教育行政か
ら首長部局への移管などにより，その専門性の「保証」に揺らぎが生じてい
る。

　社会教育部局の廃止の動向や，公民館の単純な量的減少傾向からも顕著な
ように，公的社会教育の後退がみられる一方で，多様な社会問題に取り組む
NPO 等の市民活動団体が次々と生まれている。それらの活動の中で，教育
活動は普及啓発的一環として展開され，専門意識が必ずしも持たれているわ
けではない。専門意識に裏打ちされない教育活動の担い手が増えている中，
専門性に支えられる成人教育者によって「質」を保障することに向けた取り
組みが新たに組織的に展開されているわけでもない。

　国際的な枠組みで議論検討されているのは，「質」を「保証」するための
専門性確保における実践と研究調査と制度づくりの包括的展開である。日本
では，戦後から整備されてきたものが揺らぐ方向であるならば，教育の質の
問題はより切実性をもって，新たな方策を考えるべき課題と言える。

註
1)　CONFINTEA（ユネスコ国際成人教育会議）に市民社会組織の意見を反映していく
　　ためのアドボカシー，ネットワーク団体である。
2)　思いついたアイディアをとにかく多く出していく手法

【参考資料・文献】

UNESCO "Third Global Report on Adult Learning and Education"（2016年）

文部科学省生涯学習政策局社会教育課「行動のためのベレン・フレームワーク（仮訳）」
　http://www.mext.go.jp/a_menu/shougai/koumin/1292447.htm（2019年7月10日最終閲
　覧）

〔近藤　牧子〕

【学びのポイント】

・教育の「質」を人々に保障するためには，「質」を「保証」するしくみが必
　要であること。
・グローバル・レポートの設問からは，何をもって教育の「質」を保障する
　かが示されている。
・CONFINTEA Ⅵ MTR において世界の人々で議論されていた教育の「質」
　の議論では成人教育者の資格制度や専門性の基準の整備が求められている。

識字教育の国際的展開

成人教育の課題として

◇◇

キーワード：成人の識字，識字教育政策，基礎教育

● はじめに

　識字とは，文字の「読み書き能力」を意味し，近代学校教育制度が発達した諸国では，読み，書き，計算能力を学習の基礎，基本とするものと理解されている。もっとも，国際社会において一律の定義があるわけではないが，知識基盤社会といわれる今日，読み書き能力を獲得しているか否かにより，社会への参加において大きく差異が生じることになってしまう。ユネスコは早くから識字の重要性を説いてきており，生涯学習として，または成人の学習課題としても推進している。本章では，これまでの識字をめぐる概念や捉えられ方の変遷を把握し，成人教育の主要課題の一つである識字教育について，そのねらいを確認する。そして，今日の EFA 運動の下でどのような政策が行われているのか，国際成人教育会議（CONFINTEA）における課題や経緯とともに，今日の成人を対象にした識字教育をめぐる課題について全体像をみていこう。

1 • 成人の識字について

(1) 識字とは？：その概念と捉え方の変遷をめぐって

> 識字は，成人学習と教育の重要な要素である。それは，市民が生涯学習に参
> 加し，地域社会，職場，そしてより広範な社会に完全に参加することを可能
> にする学習と熟達度の連続性を伴うものである。多くの技術，情報が豊富な
> 環境で問題を解決する能力だけでなく，印刷物や書面による資料を使用して，
> 文字の読み書きを行い，識別し，理解し，解釈し，作成し，伝達し，計算す
> る能力が含まれる。識字は，生命，文化，経済，社会の進化する挑戦と複雑
> さに対処するために人々の知識，技能，能力を構築するための不可欠な手段
> である。

出典：Recommendation on Adult Learning and Education 2015, p.7, UNESCO
& UIL 2016より，筆者訳

　上記はユネスコの成人の学習と教育における勧告に記載されている識字に
関する説明である。ユネスコは1945年の発足以来，識字教育の重要性を説い
てきている。しかし，識字をめぐる概念定義については，今日に至るまで変
遷がみられる。例えば，1958年の勧告では，「日常生活における簡単な陳述
を理解し，読み書きができること」とされ，初歩的なレベルでの読み書き能
力を意味していた。1950年代は開発途上国を中心に各国政府により積極的に
識字教育政策が展開されたが，識字についての理解は一種の中立な「道具」
として習得されていくものと捉えられ，識字教育の多くは機械的な読み書き
の訓練に終始していた。その結果，人々を識字者（literate）であるか否か
と二項対立により判断することになり，生活世界に根差した様々な識字活動
を重視するものではなかったといえる。
　1960年代には，「非識字状態」についての捉え方は，「日常生活における基
本的な読み・書き・算術（3R's）の能力が不足していること」とされ，そ

の克服を目指して「機能的識字（functional literacy）」とする概念が提起された。「機能的識字」とは，成人として社会生活を送る中で，必要とされる読み書き能力がどの程度のものなのかを明確にするために提示されたものであった。1965年にイランで開催された世界文部大臣会議では，「単なる読み書き学習の枠を超えて，積極的に社会に参加し，経済的役割を担う識字能力」の重要性が説かれている。

　70年代に入ると，高い労働生産力を追求するための，経済発展に役立つ人材育成を重視した人的資本論に基づき，職業訓練としての識字教育が主流となっていく。当時の基礎教育をめぐる教育政策は，国の経済発展への直接的な投資と見なされており，各国における多様な社会文化的な要因は考慮されず，あたかも西洋近代社会を最終目標とした「近代化論」の枠組みの下で，識字教育政策（実験的世界識字プログラム：1967-1973）が展開されていたといえよう。

　しかし，1970年代後半には，識字がもたらす経済成長や社会的利益のみを目的とするのではなく，社会的，文化的，政治的な改革と関連づけていくことにより，読み書きの学びは初めて意義あるものと考えられるようになっていく。そして，1975年にイランのペルセポリスにおいて開催された識字のための国際シンポジウムにて，識字の定義は「単に，読み・書き・算術の技能にとどまらず，人間の解放とその全面的な発達に貢献するもの」とされ，「人間解放に向けた唯一の手段ではないが，あらゆる社会変革にとっての基本的条件である」とする「ペルセポリス宣言」が採択されるに至った。以降，「人間解放に向けた識字」をめぐる理念は，広く国際社会において承認されていくこととなった。

　また，「自立と人間の解放に向けた識字」が国際社会において支持を得ていく過程で注目されたのが，ブラジルの教育学者パウロ・フレイレ（P. Freire）による実践である。フレイレは，故郷ブラジルの農村レシェフェにおける民衆教育の運動経験から，教育の両義性，すなわち，教育に中立はありえず，識字は自らの置かれた状況を突破するための道具にもなるとする，「変革のための実践活動」を強調した（フレイレ，1979）。学習者に「意識化（conscientization）」を促すことにより，それまで沈黙を強いられてきた社

会や文化に対して，「批判的思考の獲得」を目指すものであった。

　1980年代になると，学習者の生活基盤における多様な識字活動を考慮した「ニューリテラシースタディーズ（New Literacy Studies）」が注目され始める。「ニューリテラシースタディーズ」の重要性を唱える論者らは（Street, 1995, 2001, Barton & Hamilton, 2000他），識字をめぐる豊富な研究や実践の中で，文字の読み書き活動には多様な側面があり，社会，文化，政治的な文脈を踏まえた分析が欠かせないとする。例えば，宗教や経済活動，または公的な場における識字活動があるように，人間社会には様々な様相下における識字活動が存在している。それは，単なる読み書き能力の次元を超えた，特定の社会状況に根差した実践として問われていくべきであり，単一の識字観に異論を唱えるものである（長岡，2012，2018）。

表5-1　開発政策論と識字政策論の推移

年代	開発政策論	識字政策論
近代化論 （1950年代〜） 人的資本論 （1960年代〜）	・経済発展を基軸とする発展説 ・WID　アプローチ ・教育への投資が高い経済成長を招くことを期待	「機能的識字」をもとに「非識字状態にあること」を能力の欠如とみなす 「実験的世界識字プログラム」(1967-1973)
従属理論 （1970年代〜）	・Basic Human Needs の充足 ・中等、高等教育、職業教育の重視 ・女性と開発（WID）：貧困アプローチ ・経済格差、男女の教育格差の拡大化への反省期	・ペルセポリス宣言（1975） ・「批判的識字」の提起・社会的、文化的 ・政治的側面を重視する識字へ
人間開発主義 （1980年代〜）	・基礎初等教育重視・男女間格差の是正 ・人間開発主義 ・WID から GAD へ・ジェンダーの主流化へ	・人間開発の識字へ ・ニューリテラシー・スタディーズの登場

※年代については大まかな区分である。
出典：モーザ（1996），Rogers（2001），EFA Global Monitoring Report Team（2006），長岡（2012，2018）をもとに筆者作成

(2) 識字教育政策の展開

　識字教育政策をめぐる課題は，開発政策や時代の要請に従い変遷を遂げて
きた（表5-1参照）。しかし，その一方で，文字文化の発達に伴う社会経済
の発展，科学技術の進歩，高度情報化社会の到来等，知識基盤社会の成立に
より，結果として基本的な読み書き能力を習得しているか否かにより，人間
社会において「差異」を生じさせていることも事実である。さらに深刻な問
題は，経済を中心とする世界的規模のグローバリゼーションにより，市場経
済の原理，価値の急速な展開が進み，その影響が不均衡に社会的マイノリテ
ィに不利益を及ぼしていることである。特に，開発途上国に暮らす貧困層の
女性に重く負荷がのしかかる構造を創り出してしまっている。

　国連総会（1987年）が1990年を国際識字年（International Literacy Year）
と定めた同年，タイのジョムチェンで「万人のための教育世界会議
（Education for All: EFA）」が開催され，向こう10年間で基礎初等教育の普
遍化，非識字状態の克服を目指すEFA宣言により，基礎初等教育重視の教
育政策が一層強調されていくようになった。しかし，10年間での目標達成は
程遠いものであったため，2000年にセネガルのダカールにて開催された「世
界教育フォーラム」では，「ダカールEFA行動枠組み」を採択し，継続し
てEFAに向けて国際社会で問題解決に向けて取り組むこととなった（第1
章第2節参照）。

　国連においてもEFA運動を推進するために，2003年から2013年までを
「国連識字の10年（The United Nation Literacy Decade）」と定め，開発途
上国，先進国の双方に識字教育事業の継続実施，支援協力を国際的な活動と
して呼び掛けた。それは，成人の識字教育事業の更なる展開をめざし，政策
レベルの強化とその重要性を強調するものであった。女性を含む最貧困層や
社会的マイノリティを主要な対象者層とし，識字を通じて，貧困の撲滅，乳
幼児死亡率の削減，人口抑制，生活の向上，健康や衛生の概念の理解，法や
経済システムの理解，女性の社会参加，ジェンダーの平等達成，情報へのア
クセス等，人々が生きていく上で直面する様々な出来事に立ち向かうことを
可能にする礎を築いていこうというものであった。

識字教育に取り組むことですべての問題が解消されるわけではないことは明らかである。世界各地で生じる様々な問題がグローバリゼーションの下で複合的に絡み合い，さらなる問題へと派生していく現代社会の課題に対し，基礎教育を保障していくことだけで対応できるというものではないだろう。しかし，社会のあらゆる側面において不利益をもたらす構造に気づき，自ら問題解決に向けて行動していくには，読み書きの学びはその突破口として欠かすことはできない。生涯学習の観点からも社会全体で保障されていく必要があるといえよう（長岡，2012）。

2 • 国際成人教育会議における識字政策の展開

(1)　「ベレン行動枠組み」における識字と基礎教育の課題

　国際成人教育会議（CONFINTEA）は，12年ごとに開催される国際会議である。ユネスコ生涯学習研究所では Global Report on Adult Learning and Education（以下 GRALE）を作成している。GRALE では成人教育における世界的動向を分析するとともに，成人教育が今日の急変する経済的，技術的および文化的変化とその複雑さにいかに対応することができるのかを提示している。とりわけ，女性と男性が日常生活をどのように営み，社会生活に適応しているのかとする視点で分析されている点は興味深い。

　直近の国際成人教育会議である第6回成人教育国際会議（CONFINTEA VI）は，2009年12月にブラジルのベレンで開催され，「Belem Framework for action（ベレン行動枠組み）」が採択された。1997年のハンブルグ宣言と1997年の未来へのアジェンダを踏まえ，ユネスコ加盟国のコミットメントを記録し，生涯学習の観点から成人の識字能力と成人教育の世界的発展のための戦略的視点を提起するものである。識字については次のように提示されている。

> 識字は，若者や成人が学習のあらゆる段階において学習の機会に取り組むことを可能にするために不可欠なスキルである。文字を学ぶ権利は教育を受ける権利の本質的な部分である。それは個人的，社会的，経済的，そして政治的なエンパワメントを展開させるための前提条件でもある。識字は，変化する生活，文化，経済，社会の複雑さに対処するための人々の能力を築くための不可欠な手段である。

出典：UNESCO Institute for Lifelong Learning, CONFINTEA Ⅵ , Belém Framework for Action, 2010より，筆者訳

国際社会全体で成人のための識字政策を展開していくために，

(a) すべての調査およびデータ収集において，継続して識字率を認識させる。

(b) 課題を達成するために，進展状況，障害，脆弱性などの重要な評価に基づき，明確な目標と期限を備えたロードマップを作成する。

(c) 内外のリソースと専門知識を動員，増加させ，より大きな規模，範囲，対象で質を高めた識字率向上プログラムを実行する。統合的かつ中期的プロセスを醸成して個々人の持続可能な識字率達成が保証されるようにする。

(d) 参加者の実用的かつ持続可能な知識，スキル，能力の獲得につながり，それ達成することが適切な評価方法と手段で認識され，参加者に生涯学習者として学習を継続する力を与える。学習者のニーズに関連し，適合した識字教育を開発する。

(e) 全般的には農村の人々を重視しながら，女性および非常に不利な状況にある人々（先住民族や囚人を含む）への識字教育に焦点をあてる。

(f) 識字能力に関する国際的指標と目標を確立させる。

(g) EFA グローバル・モニタリング・レポートに特別のセクションを設けることにより，特に各国レベルとグローバル・レベルでの識字率向上へ投資と十分なリソースについて，系統的に検討し，進展を報告する。

（h）強化された識字環境により支援される基本的な識字スキル以上の継続的教育，訓練，スキルの開発計画を行い，実行する。

出典：http://www.mext.go.jp/a_menu/shougai/koumin/1292447.htm，2019，12，5参照

　このような項目を踏まえ，開発途上国の多くは識字率の向上を国家の教育政策の目標として掲示している。しかし，現実には，識字率のように数値化することだけでは計り知れない能力を人々は備えている。人間の能力は多様な日常的実践において育まれていることを考慮すれば，政策を展開していく上での質的な側面の充実が求められよう。

⑵　識字教育政策をめぐって── 第6回国際成人教育会議・中間総括会議における分科会から

　第6回国際成人教育会議の中間総括会議が2017年10月，韓国のスウォン（水原）で開催された。Basic Skill の分科会に参加した筆者は，各国の識字教育に関わる行政官や教育現場の実践家らの意見を聴くことができた。
　分科会の形式は，識字は成人学習の主要課題であることを再確認した上で，各参加者から意見を聴くものであった。会場内では自分の意見を伝えようと，次から次へと挙手する人々の姿があった。
　以下，参加者の意見を抜粋し，紹介する。
・読み書きができるようになれば，社会に参加できるようになるというが，プログラムが終了した後に忘れてしまう人が多い。継続して学習できるプログラムが必要である（ナイジェリア）。

・多くの識字教育のプログラムを実施してきたが成功しない。スキル，リーダーシッププログラムなど行ってきたが，上手くいかない。プログラムそのものの利点や指導者の育成のための研修プログラムが十分ではないし，そもそも地域のニーズに合致していない（カンボジア）。

・私たちは識字プログラムを試みたが，学習者は経済的に利点があること
を重視する。職業訓練や学術的な研究が必要であると考える。また，プ
ログラムを継続して実施できるように，資金面のサポートを求めていき
たい（セネガル）。

　積極的に発言されていたのは，アフリカ諸国からの参加者であった。アフ
リカ諸国の場合，国家の公用語を学ぶ識字教育はあまり意味がないという。
地域によっては，人々は公用語を使用せず，母語中心の生活である。そのた
め，母語で識字を学ぶ必要があることを強く訴えていた。さらに，国際的な
会議の場で語る識字のアジェンダは国家レベルであるが，国家として改善し
なければならない問題が多すぎるとし，指導者の研修や学習者を対象とする
ポスト・リテラシー（基礎的な識字学習後の継続学習活動）を継続して実施
できるように財政面での支援を強調するものであった。財政面での支援につ
いては，参加者から国連機関としてのユネスコに対する批判も述べられ，い
つの間にか分科会の会議室内は，識字教育の緊急性，優先度が高い開発途上
国からの参加者と，識字教育事業にかかわる先進国からの参加者とに二極化
したような状態となり，一時は緊迫した雰囲気も感じられた。しかし，現状
打開を求める参加者から，「識字者になることは Justice Approach である」
という発言がなされ，まさに正義を追求していくための運動であるというこ
とを確認する機会となった。最終的に分科会は学習者に利点が得られる学習
プログラムを求めていくことが必要であるとする見解でまとまったが，まさ
に，成人が獲得した能力を実際に社会や生活の場で活かし，展開していくこ
とが強く求められているといえよう。

【参考文献】

Barton, D., Hamilton, M. & Ivannic, R., Situated Literacies Reading and Writing in
　Context, Routledge, 2000.
EFA Global Monitoring Team, Education for All Global Monitoring Report 2006,
　UNESCO, 2006.
フレイレ，パウロ（小沢有作・楠原彰・柿沼秀雄・伊藤周訳）『被抑圧者の教育学』亜紀
　書房，1979。

UNESCO Institute for Lifelong Learning, CONFINTEA VI, Belém Framework for Action, 2010

Unesco & UIL, Recommendation on Adult Learning and Education 2015, 2016, p.7.

長岡智寿子『ネパール女性の社会参加と識字教育』明石書店，2018。

Rogers, A. "AFTERWORD Problematising literacy and Development", Brain Street (ed.) Literacy and Developemt, Routledge, 2001, pp.205-222.

Street, B.V., Social Literacies: Critical Approach to Literacy in Development, Ethnography and Education, Pearson Education Limited, 1995.

— 2001, Literacy and Development: Ethnographic Perspectives, Routledge.

モーザ，キャロライン（久保田賢一・久保田真弓訳）『ジェンダー・開発・NGO：私たち自身のエンパワーメント』新評論，1996。

〔長岡 智寿子〕

【学びのポイント】
・識字の概念は，開発政策の展開とともに推移してきたこと。
・EFA 運動としての識字教育政策の課題について。
・国際成人教育会議（CONFINTEA）における識字教育政策における課題について。

第 ⑥ 章 ◇◇

継続的な職業訓練と
専門能力開発

◇◇

キーワード：労働世界の変容，労働市場，ユネスコ「職業技術教育・訓
練に関する勧告」，職業技術教育・訓練におけるジェンダ
一問題，労働世界で弱い立場にあるグループ，外国人労働
者をめぐる職業技術教育・訓練

● はじめに

　成人教育の国際的文脈において職業技術教育・訓練 Technical and
Vocational Education and Training（TVET）は大きな位置を占めてきた。
1960年代に「生涯教育」が新しい教育理念として導入され，その後「生涯学
習」へと発展し，世界各国で成人教育の再編に活用される中でも，労働者の
職業訓練や能力開発，労働者教育と不可分のものとして捉えられてきた。こ
こでは，国際成人教育会議の中で，これまでどのように職業技術教育・訓練
が位置づけられてきたかを概観したうえで，第三次成人学習・教育グローバ
ル・レポート（GRALE Ⅲ）の内容と第6回国際成人教育会議中間総括会議
での議論の中身を報告する。
　日本においては，1948年に労働省労政局と文部省社会教育局間で交わされ
た合意「労働者教育に関する労働省（労政局），文部省（社会教育局）了解
事項」[1] で，職業訓練や職業技術教育は労働行政で，公民教育と一般的教養，
職業教育，レクレーションなど[2] は文部行政が担当するという役割分担を行

ったことから，戦後の社会教育での位置づけは弱い。とはいえ，移住労働者
や若者就業支援をめぐる問題が深刻化する中で，やはり社会教育として位置
付ける必要が高まっていることから，最後に日本における課題について論じ
ることとする。

1 ● 国際成人教育会議（CONFINTEA）の中での
  職業技術教育・訓練の位置

　H.S. ボーラは，デンマーク・エルシノアで開催された第1回目の国際成人
教育会議で，「成人教育と職業教育の間に重大な区別が設け」られたと指摘
している[3]。成人教育はそのまま専門的な職業訓練ではなく，職業ガイダン
スや職業前訓練や再訓練コースを提供し，文化の媒体として職業について教
えるべき，との主張があった。1960年の第2回目のモントリオール会議では，
「変化する世界における成人教育」がテーマとされ，産業技術の発展によっ
て生じる急速な変化にどのように人間がついていくのかが問われたが，職業
訓練ではなく，むしろ一般教養が重視された。欧米の成人教育は1960年代に
入ると，職業訓練に大きなウェイトを置き始め，成人教育に人材能力開発を
求め始めるが[4]，こうした流れに対抗する動きであった。1965年にユネスコ
の成人教育推進委員会でポール・ラングランによって提唱された生涯教育も，
急速に変化する社会にあって成人が学校卒業後も生涯にわたって学び続ける
こと，そして変化に対応するためにも技能・技術だけではなく幅広い教養を
身に着けることを求めた。
　第3回の東京会議は，「生涯教育における成人教育の役割」がテーマで，
第三世界の低開発問題が顕在化し，国際成人教育協議会（ICAE）など成人
教育に関する新しい国際的な市民組織が誕生した会議であるが，フランス労
働総同盟（CGT）が同会議に提出した報告書で，「成人教育は，職業教育よ
りも主として一般教養に向けられなくてはならない」と資本の利益に従属す
る職業訓練ではなく，一般教養を重視する成人教育が求められた[5]。
　第4回のパリ会議（1985年）は，「学習権」宣言が採択され，成人教育に
おける「学習権」概念が明らかにされた。成人教育の発展の文脈として第三

世界や移民，マイノリティ問題が大きく注目されるようになったが，ここで
もやはり職業技術教育・訓練の中身は，こうした南北問題との関連で問われ
るようになる。ポール・ラングランの後任のユネスコ成人教育部長エットー
レ・ジェルピが，『生涯教育―抑圧と解放の弁証法―』[6]や『生涯学習と国
際関係』[7]を出版し，国際的な労働分業や先進国による発展途上国の搾取的
な経済関係の中で生涯教育を捉えることの重要性を主張するのもこの時期で
ある。

　第5回ハンブルグ会議では，「成人教育と労働世界の変容」というワーキ
ンググループがつくられ，グローバリゼーションや新しい技術革新で生まれ
る労働世界の変容が成人教育・訓練にどのような影響を与えるのか，また，
成人教育プログラムや政策にとってどのような意味があるのか議論された。
成果文書である「成人学習　未来へのアジェンダ」に労働権と労働に関連す
る成人学習の権利の促進，労働に関連する成人学習の機会を移民や女性など
多様なターゲットグループに保障すること，労働に関連する成人学習の内容
を多様化することが盛り込まれた[8]。

　第6回のベレン会議では，会議総括の声明において，現代を生きる私たち
の生産や労働市場の構造的変容が生じる中で，日々の暮らしに不安を感じた
り，相互理解を得るのが困難であったり，経済的危機の深刻化に直面したり，
同時にグローバリゼーションに伴い，新しい労働環境に耐えるスキルや能力
を磨くことが求められていることを確認している[9]。

2 • GRALE Ⅲ「雇用と労働市場」の概要

　「ベレン行動枠組み」に基づき，ユネスコ加盟国から提出されたレポート
を基に作成されているのが第三次成人教育・学習に関するグローバル・レポ
ート3（GRALE Ⅲ）[10]で，「雇用と労働市場」というテーマで，以下のよう
な構成と概要でまとめられた。

3.1　成人学習・教育と労働市場の関連を理解することの重要性

　　・科学技術，ロボット，AIがあらゆる職場で急速に広がるという労働

世界の変容，また，長寿化による高齢労働者の増加，移住労働者が増えるという変化の中で，私たちがこれらに対応する上で，成人学習・教育が重要な役割を果たしつつある。

3.2　成人学習・教育は個人，組織，経済に利益をもたらす

・成人学習・教育が，労働市場にもたらす正の効果が，資格取得や学歴との関係だけではなく，多様で総合的な視点から測られるべきとして，ハンブルグ会議の次のような文言が紹介されている。「労働に関連する成人学習は，職業的，文化的，社会的，政治的次元を持っており，これらのいずれか一つでも無視すると，職場においても成人学習においてもその効果が小さくなってしまうであろう」。

3.2.1　成人学習・教育プログラムの適切な設計で，労働市場に効果をもたらすことができる。

・成人学習・教育プログラムが労働市場において正の効果を得るためには，ターゲットの明確化と適切な戦略・方法に基づくものでなくてはならない。

3.2.2　成人学習・教育の効果を評価する際にジェンダーの視点が鍵となる。

・アメリカや日本で女性の労働市場への参加率を高めることは，国内総生産の上昇につながることが明らかにされているが，インドなどでは男性中心の職業訓練になっていることや，韓国での女性の再雇用のためのプログラムが十分な効果が見られないなど，女性差別が成人学習・教育の効果を大きくする上で障害となっている。

3.2.3　不平等が成人学習・教育の労働市場への効果にどのような影響を与えるか。

・教育へのアクセスの機会不平等や格差社会が，労働市場での分配や成人学習・教育の効果にも負の影響を与えている。

3.2.4　経済と市場の戦略が成人学習・教育の効果に影響を与える。

・スキルが低いから予算を投入せず生産性が向上しないという負の連鎖ではなく，スキル向上と新たな予算投入が，成人学習・教育によるスキル向上へとつながり，生産性向上につながる戦略をとることが重要で，南アジアでの成功事例がある。

3.3　各国は，成人学習・教育と雇用，労働市場が正の関係にあることを認識し，関係構築を行っているか。

・成人学習・教育への期待は高いものの，必ずしも予算投入につながっていない現実がある。

3.3.1　各国は，成人学習・教育を充実させることにより，労働市場にどのような効果を期待するのか。

・各国は生産性向上や雇用の創出において成人学習・教育を充実させることが，職業技術教育・訓練の高い効果につながると捉えている。

3.3.2　各国は成人学習・教育に予算を投入しているか。

・フィンランドなど一部の国を除いて，各国が成人学習・教育の効果があるとしながらも，さらにそこに予算を投入しようとしない姿がある。

3.3.3　個人と企業は，成人学習・教育に関与しているか。

・OECD 加盟国で所得の高い国では，労働者の成人学習・教育への参加率が高いことが明らかとなっている。また，企業も成人学習・教育への投資を積極的に行っていることを示している。

3.3.4　不利益層への成人学習・教育を促進する。

・最も不利益を被っている人々への成人学習・教育を促すことが重要である。

3.3.5　成人学習・教育が労働市場に認知され，活用されるようにする。

・労働市場が成人学習・教育を認知し，活用することが個人のモチベーションを高めることにつながる。ノンフォーマルな成人学習・教育を資格認定にむすびつけることが重要である。

3.4　事例に学ぶ：女性のための無償の裁縫と服飾コース（インド）

・インドで家事労働に重視する女性たちの所得向上のためのプログラムを成功事例として紹介している。

3.5　政策展望：成人学習・教育のより大きな成果を労働市場にもたらすために。

・2030年持続可能な開発のアジェンダに示された労働関係の目標の実現を目指して，成人学習・教育を活用することがより多くの予算投入につながる可能性がある。

3 • 中間総括会議での議論

　以上のようなグローバル・レポートをベースに議論が行われた中間総括会議では，冒頭のセッションで，2009年から2017年までの成人教育の発展の中で，2015年のユネスコ「成人学習・教育に関する勧告」[11]とユネスコ「職業技術教育・訓練に関する勧告」[12]が国際的な成人教育発展の両輪であることが紹介され，会議全体で，職業技術教育・訓練が大きな位置を占めることが確認された[13]。

　パラレルセッション「成人学習・教育と職業技術」では，まず，職業技術教育・訓練におけるジェンダー問題が議論された。職業技術教育・訓練がしばしば男性のみに独占的に提供され，女性が家事関連の職業訓練のみを受けているという問題があることが指摘された。その上で，政策決定者がノンフォーマルな職業技術教育・訓練の重要性に気づき，予算を多く投入する必要があるとの意見があった。また，国家資格の枠内での全てのタイプの職業技術教育・訓練が，認知され，活用され，資格取得，単位認定を認めることが

極めて重要であるとの意見があった。さらに職業技術教育・訓練は，正規雇用を求める労働市場のためだけの訓練に限定されるべきではなく，起業家を育てたり生活訓練も含まなくてはならないという主張もあった。方法論に関しては，訓練指導者がコミュニティ固有のニーズを把握して，それに合った訓練を提供できるようにするために，フォーマル，ノンフォーマル，インフォーマルの垣根が取り払われなくてはならないとの主張があった。

　会議の総括としてまとめられた声明[14]には，職業技術教育・訓練について以下のように述べられている。

・継続教育，専門的能力開発，職業技術教育・訓練の機会を増やし，予算を増やさなくてはならない。ノンフォーマルなアプローチを通じて，さらに機会と予算を増やせば，教育実施団体は，女性，若者，高齢者，移民，難民に特に配慮しつつ，インフォーマル経済の中で生活するために必要な質の高い訓練も提供することができるし，自営業や起業に融資することもできる。

・労働に関連する技能を超えて，問題解決や批判的思考，創造性，チームとして働く力，継続して学ぶ力，急速な変化に耐える力を伸ばすことも重要である。

・識字と成人学習・教育プログラムは，ノンフォーマルの職業技術教育・訓練と所得創出のための訓練と関連付けられなくてはならない。職業技術教育・訓練は，読み書き能力を高める内容を伴わなくてはならない。読み書きの力と，よりレベルの高い技能は，人間らしい労働，活発な市民活動，生涯学習にますます必要とされつつある。

　職業技術教育・訓練が，女性や移民，難民などの，急速に変容する労働世界で弱い立場にあるグループに注目している点は重要である。ユネスコ「職業技術教育・訓練に関する勧告」（2015年）には，障害者，先住民，遊牧民，民族的少数者，社会的に排除された人々，移民，難民，無国籍の人々，紛争や災害被災者，失業者，底辺労働などに加盟国は配慮することを求めている。

　また，職業技術教育・訓練が雇用の確保や安定だけではなく，人間らしい

労働（ディーセント・ワーク：decent work）を求めていることにも注目される。リージョナル・レポートとグローバル・レポートでよく指摘されたのは，インフォーマルな経済でインフォーマルセクターで働く多くの労働者の存在であった。家族を養うためにわずかばかりの収入を求めて路上販売する人たちがいるが，その売り上げさえもピンハネされる場合も少なくない。人間の尊厳を損なうことのない労働環境や労働条件の下で，働くための成人学習・教育が重要である。

4 • 社会教育における職業技術教育

　日本の成人対象の職業技術教育は，戦後直後に労働行政に位置づけられた。そのため，今日においても，成人学習・教育と職業技術教育を不可分のものと捉えるような国際的議論の中では，日本は取り残されている感が否めない。カントリーレポートでは，各国は職業技術教育に関する報告も求められるが，日本政府（文部科学省）の回答は，多くが無回答となっている[15]。

　一方，市民レベルや地方自治体レベルでは，若年失業者を対象とした就職支援のための活動や労働組合による労働講座，外国人労働者への日本語教育，女性の働き方セミナーなど，職業技術教育に関わる多様な教育・訓練が展開されてきている。その中で，諸外国と同様，日本においても，外国人労働者など社会的に弱い立場に置かれている人々の職業訓練や技能開発などの課題が顕在化してきている。ここでは，急速に受け入れが進んでいる外国人労働者をめぐる職業技術教育・訓練の課題に着目したい。

　近年の日本における外国人労働者の受け入れは，1990年の入国管理法の改正による日系人労働者の受け入れに始まる。この時からすでに大きな問題となり，今日でも依然として解決されていないのが日本語習得と市民教育の問題である。外国人労働者にとって日本社会で働き，生活していく上で日本語の習得は不可欠であり，日本社会の労働関係の法制度や保険などの基礎的な知識の習得などが必要であるにも関わらず，日本語習得や市民教育の機会を外国人労働者に保障することが行われてこなかった。

　欧米では，移民・難民の受け入れに際して，成人基礎教育が制度化されて，

少なくとも言語習得に関しては，無償で教育を受けられるようになっている。本来，日本も公民館などの社会教育機関が，外国人労働者に日本語学習の機会を提供し，外国人労働者がいつでも日本語を学ぶことができるように法制度を整えるべきであろう。

　外国人労働者の受け入れをめぐる職業技術教育のもう一の課題は，外国人が職業能力開発の機会を奪われて，単純労働者として固定化されつつあることである。日本政府は，名目上は単純労働者の受け入れを行っていないことになっているが，技能実習生や日系人などの定住ビザの外国人，留学生など，多くの外国人が実質的に単純な底辺労働を担っている。これらの外国人労働者がスキルアップし，キャリアアップして，他の仕事へ転職することは難しい状況にある。

　最後に，こうした職業技術教育における深刻な問題が存在しているにもかかわらず，なかなか問題が解決されない背景に，労働行政と文部行政の区分問題があることを指摘したい。縦割り行政の弊害を解消して，職業技術教育・訓練が社会教育の一環として位置づけられるようになることを待ちたい。

註
1)　社会教育推進全国協議会編『社会教育・生涯学習ハンドブック第9版』エイデル研究所，2017，pp.659-660。
2)　大串隆吉『社会教育入門』有信堂，2008，pp.95-97。
3)　H.S. ボーラ（岩橋恵子，猪飼恵美子ほか訳）『国際成人教育論』東信堂，1997，p.104。
4)　藤田秀雄「〈論説〉ユネスコ学習権宣言とその背景」『立正大学文学部論叢』84号，1986.　9，p.67。
5)　同上
6)　エットーレ・ジェルピ（前平泰志訳）『生涯教育——抑圧と解放の弁証法——』東京創元社，1983。
7)　Ettore. Gelpi, *Lifelong Education and Internaatiolnal Relations*. Croom Helm, London, 1985.
8)　佐藤一子「21世紀への鍵としての成人学習——第5回国際成人教育会議報告」東京大学大学院教育学研究科生涯教育計画講座社会教育研究室『生涯学習・社会教育学研究』第22号，1997年。「未来へのアジェンダ」（藤村好美訳）社会教育推進全国協議会

『住民の学習と資料』No.28, 1998年。

9) UNESCO Institute for Lifelong Learning, *Belem Framework for Action*, 2010.

10) UNESCO Institute for Lifelong Learning, *3rd Global Report on Adult Learning and Education*, 2016.

11) UNESCO and UNESCO Institute for Lifelong Learning , *Recommendation for Adult Learning and Education*, 2015.

12) UNESCO, *Recommendation concerning Technical and Vocational Education and Training*（*TVET*）, 2015.

13) UNESCO Institute for Lifelong Learning, *CONFINTEA VI MID-TERM REVIEW Report of the Conerence*, 2017.

14) UNESCO Institute for Lifelong Learning, *SUWON-OSAN CONFINTEA VI MID-TERM EVIEW STATEMENT The power of adult learning and education: A vision towards 2030*, 2018, p.8.

15) 10) に同じ。

〔野元 弘幸〕

【学びのポイント】

・国際成人教育会議など国際的文脈の中では，職業技術教育・訓練は重視されてきている。

・日本の社会教育では職業技術教育は，労働行政に位置づけられている。

・しかし，外国人労働者や若者就労支援などあらためて社会教育における職業技術教育

・訓練の重要性が増している。

・成人教育における職業技術教育・訓練では，ジェンダーの視点が重要である。

・職業技術教育・訓練に，成人学習・教育の視点から予算を投入することが求められている。

日本の社会教育・成人教育

日本の社会教育の
現状と課題

◇◇

> **キーワード**：社会教育法，公民館，地域学校協働活動，ネットワーク型
> 行政，NPO

● はじめに

　日本の社会教育は，「国民が自ら学習に取り組み，国と地方公共団体がそのための環境を醸成することによって後押しする」という理念に基づき，教育委員会，施設，人材，社会教育関係団体等によって振興されてきた。特に公民館は，戦後まもなく地域振興の拠点として全国に設置され，その後も社会教育の重要な学習拠点となっている。しかし，民間の営利・非営利組織，行政の首長部局，大学等の学術研究機関の台頭，そして行政における職員人事の変化と民間手法の導入によって，社会教育行政は厳しい状況に置かれている。そのような環境下でも，社会教育には個人の自己実現，「つながり」の醸成，地域・社会の課題解決，さらには地域学校協働活動の促進という効果があり，その効果を高めるために「ネットワーク型行政」，住民・行政の協働，行政職員の研修という課題がある。

1 • 社会教育の理念と制度

(1) 社会教育の理念

　日本における現在の社会教育の制度は，1949年に公布施行された社会教育法に基づくものである。社会教育法が定義する社会教育とは，「学校の教育課程として行われる教育活動を除き，主として青少年及び成人に対して行われる組織的な教育活動」（第2条）である。そして，そのような社会教育を振興するために国及び地方公共団体は，「すべての国民があらゆる機会，あらゆる場所を利用して，自ら実際生活に即する文化的教養を高め得るような環境を醸成するように努めなければならない」（第3条）と規定されている。

　つまり，「学校外の組織的な教育活動としての社会教育は，国民が自ら学習に取り組み，国と地方公共団体がそのための環境を醸成することによって後押しするものである」という理念がここには表現されている。これは，第二次世界大戦までは国民教化と思想善導の役割を担っていた社会教育が，戦後は国民の自主的な学習を重んじるとともに，民主主義国家の建設を学習の側面から推進する役割を担うようになったことを意味するものである。

　社会教育における国や地方公共団体と国民との関係についてのこうした理念は，戦後70年以上を経た現在においても変わるものではない。1980年代に「社会教育の終焉」論を展開した松下圭一は，自ら公民館等で講師を務めた経験を基に，「市民自治型の社会では，職員が大人を『オシエソダテル』ための社会教育行政は不用であり，従来の社会教育行政が担っていた役割は自立した市民文化活動が担うようになる」（松下　1986・2003）と述べている。しかし，あくまでも社会教育の制度上の理念は，国民（住民）の自主的な学習活動の環境醸成を社会教育行政が行うことであり，職員が直接教えることではない。実際，松下の「社会教育の終焉」論の舞台となった東京都武蔵野市でも，1970～1980年代の社会教育行政が学習者の自立性を保障する一方で適切な支援を行っていたことがわかっている（田中　2019）。

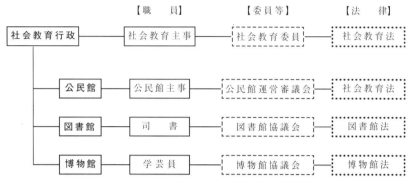

| 【職　員】 | 【委員等】 | 【法　律】 |

社会教育行政 ── 社会教育主事 ── 社会教育委員 ── 社会教育法

公民館 ── 公民館主事 ── 公民館運営審議会 ── 社会教育法

図書館 ── 司　書 ── 図書館協議会 ── 図書館法

博物館 ── 学芸員 ── 博物館協議会 ── 博物館法

図7-1　社会教育の制度的な枠組み

(2)　社会教育の制度

　社会教育を振興するための制度的な枠組みについて，社会教育法での規定を中心に概観すると次のとおりである（カッコ内の条文番号は，いずれも同法）。なお，主な項目について，それらの関係を示したのが図7-1である。

①教育委員会

　まず，実際に社会教育行政の中心となるのは市町村（市には特別区を含む）及び都道府県の教育委員会である。市町村教育委員会が行う事務については，社会教育に必要な援助，社会教育委員（後述）の委嘱，公民館（後述）の設置・管理，講座の開設など19項目が社会教育法に規定されている（第5条）。都道府県については，公民館・図書館の設置・管理に関する指導・調査，社会教育を行う者の研修に関することなど5項目が規定されている（第6条）。

②施設

　社会教育法の全57条のうち公民館に関する条文は23もあり，社会教育における公民館の役割の大きさがうかがわれる。そのほかの社会教育施設（第9条）には図書館，博物館などがあり，これらの具体的な内容は図書館法，博

物館法といった個別の法律で規定されている。社会教育法では規定されていないものの，青少年施設，女性教育施設，生涯学習推進センターなども社会教育の重要な施設である。

③人材等

　地域の社会教育を支える人々は，次のように分類することができる。

　第1に，教育委員会の事務局に配置される専門的な社会教育職員として社会教育主事（第9条の二及び三）がある。これは，「社会教育を行う者に専門的技術的な助言と指導を与え」るとともに，「学校が社会教育関係団体，地域住民その他の関係者の協力を得て教育活動を行う場合には，その求めに応じて，必要な助言を行う」役割を担っている。そのほかの指導的な立場にある人材として，スポーツ推進委員（スポーツ基本法で規定），青少年委員などがあり，多様な人々が地域の社会教育を支えている。

　第2に，社会教育施設に配置される職員として，主事（公民館），司書（図書館），学芸員（博物館）がある。ただし，公民館の主事は，現在では「置くことができる」（第27条）と弾力化され，必置の人材ではなくなっている。

　第3に，行政委嘱委員である。まず社会教育委員は，社会教育の諸計画の立案，教育委員会の諮問に対する意見の提示（会議開催による），そのために必要な研究調査を行う（第17条）。行政とは異なる立場から社会教育のあり方を考え，提案する重要な役割である。その他の行政委嘱委員として，公民館運営審議会，図書館協議会，博物会協議会の委員がある。その多くが地域住民であることから，施設運営に対する住民参加の装置として重要である。

④社会教育関係団体

　社会教育関係団体とは，「公の支配に属しない団体で社会教育に関する事業を行うことを主たる目的とするもの」（第10条）を指す。これには，文化・芸術，スポーツ，青少年育成，環境，福祉，国際協力などの分野で社会教育を行う団体が含まれる。地域における社会教育は，これらの社会教育関係団体のさまざまな活動によって豊かなものになっていく。

2 • 地域振興の拠点としての公民館

　公民館は戦後の社会教育における重要な学習拠点として位置付けられた。そのため，日本国憲法の公布より早い1946年（昭和21年）7月，文部省（当時）は文部次官通牒「公民館の設置運営について」によって，全国の自治体に公民館の設置を奨励したのである。

　次官通牒と同時に発表された「公民館設置要綱」は，公民館の趣旨・目的として次のことを述べている（寺中・小和田　8-10頁）。まず，公民館が「郷土における公民学校，図書館，博物館，公会堂，町村民集会所，産業指導所などの機能を兼ねた文化教養の機関」であること，「青年団婦人会など（中略）文化団体の本部」「各団体が相提携して町村振興の底力を生み出す場所」でもあること，「（上からの命令ではなく）町村民の自主的な要望と協力とによって設置せられ，また町村自身の創意と財力とによって維持」すべきものと明記している。そして，公民館運営上の目的として，民主的な社会教育，社交，産業振興，民主主義の訓練，文化交流，青年の積極的協力，郷土振興を挙げている。

　上記のことから，公民館は社会教育の拠点としてのみならず，住民・団体の交流や産業振興も含む，総合的な地域振興センターとして期待されていたことがわかる。町村の自律的な設置・運営に基づき，民主主義を地域に浸透させるための拠点でもあった。こうした文部省の奨励が当時の郷土再建の機運に結び付き，社会教育法が公布施行される1949年6月の時点では，すでに当時の約10,000市町村のうち4,000余が公民館を設置していたという（文部省1981）。このような勢いでスタートした日本の公民館は，社会教育法の中で「市町村その他一定区域内の住民のために，実際生活に即する教育，学術及び文化に関する各種の事業を行い，もつて住民の教養の向上，健康の増進，情操の純化を図り，生活文化の振興，社会福祉の増進に寄与する」（第二十条）という目的を付与されている。

　なお，公民館という名称は，当時の社会教育課長であった寺中作雄の命名による。寺中（1995，188-189頁）は自著『公民館の建設』の中で，「自己と

社会との関係についての正しい自覚を持ち（中略）公共社会の完成の為に尽す（あるいは尽くそうとする）」人を公民と呼び、そのような公民が集まって「修行や社交をする施設」が公民館であり、いわば「公民館は公民の家である」と述べている。

3 • 社会教育を取り巻く環境の変化

(1) 社会教育の実践主体の多様化

　社会教育の制度的な枠組みは、現代では大きな環境変化に晒されている。

　既述のとおり、社会教育法の定義によれば、学校教育以外で主として青少年及び成人に対して行われる組織的な教育活動が、全て社会教育である。これに立脚すれば、現代では行政が関わるもの以外にも多様な社会教育が実践されているわりであり、主なものを挙げると次のとおりである。

　第1に、企業等の営利組織によるものである。カルチャーセンター、スポーツクラブ、各種けいこ事、外国語教育施設、通信教育や職業教育を提供する企業などがある。子ども対象のものとして、学習塾、おけいこ教室、スポーツ教室などもこれに含まれる。これらの組織は「顧客」としての学習者を獲得するために、「商品」として魅力的な学習機会を生み出すために努力している。

　第2に、非営利組織としてのNPO（nonprofit organization）・NGO（non-governmental organization）や各種の市民活動団体が、さまざまな学習機会の提供や啓発活動を行っている。NPO法人（特定非営利活動法人）を例にとれば、全NPO法人の約半数は社会教育の分野で活動している[1]。これらの民間の非営利組織は、環境、福祉、青少年育成、男女共同参画、国際協力など、それぞれのミッション（社会的使命）に基づく活動を行っている。そうした活動の質を高めたり、人々の理解・参加を促したりするため、講演会、シンポジウム、ワークショップといった社会教育の活動に力を入れているのである。それによって、現代的課題の学習[2]の機会が充実していく。

　第3に、首長部局も多様な学習機会を提供している。例えば、市民活動センター（市民活動やNPO活動を支援・促進する機関の総称）では、NPO

法人の経営やファシリテーションなど市民活動に係る学習機会を提供している。その他，環境，福祉，青少年教育，男女共同参画，国際交流など各行政部門の課題に即した講座等が開設されている。民間非営利組織と異なる立場でありながら，やはり現代的課題に関する学習機会を提供しているといってよい。

　第4に，大学等の学術研究機関が，地域貢献・社会貢献の一環として公開講座などの開放事業に力を入れている。文学，法律，経済，生命科学，ITなど，学術研究の成果に基づく専門性の高い学習機会が提供されることから，入門的な講座に飽き足らない人々のニーズに応えるものとなっている。

　戦後の時期に比べると，現代では民間部門や学術研究部門の発達，行政の機能分化といった潮流が顕著になり，上記のように多様な主体による社会教育の活動が広がっている。他方，公民館の数は減少傾向にある。図書館と博物館が増加傾向にあるのに対し，公民館は1999年の19,063館から2015年の14,841館にまで減少した（文部科学省「社会教育調査」より）。

(2) 社会教育行政の変容

　社会教育行政自体にも大きな変容がみられる。

　第1に，職員人事の変化である。社会教育法によれば，教育委員会の事務局に社会教育主事を配置することになっている（第9条の二）。しかし，実際に配置する自治体の数は減少傾向にある。社会教育主事数の全国合計値をみると，1999年の6,035人から2015年の2,048人へと，約3分の1にまで減少している（文部科学省「社会教育調査」より）。公民館等の社会教育施設では，専門職が非常勤職員として雇用されるケースが増えており，不安定な雇用環境に置かれている。これらは，人的側面から社会教育行政の専門性にも影響を及ぼす問題である。一方，2020年度から称号としての社会教育士（社会教育主事の資格を有する者に付与）がスタートする。これを行政各部門や民間に配置し，専門性のネットワークを形成することが重要である。

　第2に，民間手法の導入である。行政運営の効率化・活性化が求められるようになり，NPM（new public management：ニュー・パブリック・マネジメント）が浸透してきた。これは，民間企業の経営管理手法を公共部門

（行政）に適用することによって，質の高い行政サービスを効率的に提供する考え方である。その一つに，指定管理者制度がある。これは，公共施設の管理運営を企業，NPO法人など民間の団体に管理を行わせることができる制度で，社会教育施設もその対象となる。2015年時点で，博物館は21.8%，図書館は10.7%，公民館でも8.6%が指定管理者制度のもとに運営されている（文部科学省「社会教育調査」より）。指定管理者制度は，施設の効率的な運営や時代即応的な事業提供などの利点がある反面，雇用の不安定性や専門性の担保の難しさなどの欠点も指摘されている。

4 ● 社会教育の効果と課題

(1) 社会教育の効果

　社会教育行政が前節でみた厳しい状況に置かれているとはいえ，社会教育における学習はさまざまな効果をもたらす。それらは，以下の側面から捉えることができる。

　第1に，学習を通した一人一人の自己実現である。世論調査の結果などをみても，学ぶことによって人生が豊かになった，健康の増進に役立ったといった回答が多い[3]。このように個人の人生が豊かになり健康も向上すれば，家族や地域が明るくなる，医療・福祉・防犯といった公的な事業の経費が削減されるなど，社会に対する波及効果も少なくない。

　第2に，学習を通した「つながり」の醸成である。公民館等での学級・講座や学習グループでの学びあいは，参加者同士の絆を強め，ひいてはコミュニティ形成にも結び付いていく。各種メディアを用いた個人学習では限界があるものの，学習を通して人と出会うことの効果は大きい。近年とくに希求されている社会関係資本[4]が豊かになるといってよいだろう。

　第3に，学習成果を生かした地域・社会の課題解決である。課題解決の活動がさらなる学習課題にもつながり，「学びと活動の循環」[5]というサイクルに入ることによって，住民主体の地域づくりと社会教育が相乗効果をもって発展することになる。実際のところ，成人の学習調査によれば，「学習成果をボランティア活動で生かすことによって，学習継続の意欲が高まる」

（田中　2011，168-171頁）という傾向も現れており，「学びと活動の循環」の存在は実証されている。

　以上の3側面は，互いに独立しているわけではなく，相互に関係している。例えば，人々の「つながり」が強いほど地域・社会の課題解決は実現しやすい。そうした「つながり」や課題解決の喜びは，そこに参加する個人の自己実現を豊かにするだろう。これからの社会教育は，これらの効果を高めていくことが期待される。

(2)　地域学校協働活動

　文部科学省では地域学校協働活動の推進を打ち出し，「学校を核とした地域づくり」を推進している。これは，学校と地域が連携・協力することによって，地域の将来を担う人材の育成を図るとともに，地域住民のつながりを深め，自立した地域社会の基盤の構築と活性化を図るという考え方である。

　そのため，社会教育法では，地域学校協働活動の推進（第5条第2項）と，地域学校協働活動推進員の委嘱（第9条の七）が規定されている。

　学校運営に対する地域住民等の参画を促進する学校運営協議会（地方教育行政の組織と運営に関する法律，第47条の六）を導入した学校を，コミュニティ・スクールという。地域学校協働活動を推進する地域学校協働本部が，コミュニティ・スクールと連携することにより，地域づくりに対する学校の関わりが強くなる。このようなことから，「学校を核とする地域づくり」を意味する用語として「スクール・コミュニティ」が使われることもある。

　学校運営協議会にしろ，地域学校協働活動（本部）にしろ，社会教育における住民の学習活動と，それを通した「つながり」の醸成と地域の課題解決があってこそ，効果的な活動を展開することができる。「学校を核とする地域づくり」は，社会教育が支えているといってもよいだろう。

(3)　社会教育行政の課題

　以上の(1)(2)は，社会教育行政が適切に支援・促進することにより，効果が高まるといってよい。そのためには，以下の三つの視点が重要である。

　第1に，「ネットワーク型行政」である。1998年の生涯学習審議会答申

「社会の変化に対応した今後の社会教育行政の在り方について」が提案したもので、「広範な領域で行われる学習活動・社会教育活動を、社会教育行政の部門が中核となって、学校教育機関や首長部局と連携するとともに、生涯学習施設間や広域市町村間の連携等にも努め、様々な立場から総合的に支援していく仕組み」である。一言でいえば、社会教育行政が行政内外の学習関連組織・施設と連携し、学習支援の総合的なネットワークを形成することである。

　第2に、住民との協働による社会教育行政の企画・運営である。例えば、各種の学習事業や公民館の運営を市民と共に企画・実践する、NPOとの協働により「学びと活動の循環」を実体化する、地域学校協働本部との連携により「学校を核とする地域づくり」を効果的に進める、などが考えられる。これらを自治体全体で推進するためには、自治基本条例や自治体総合計画に「学習に支えられた住民自治や住民参加」の理念を明記することも有効と思われる。

　第3に、行政職員の研修である。「ネットワーク型行政」や住民との協働の成果は職員の意識と力量に左右されるため、職員研修は必須である。とくに、行政と住民をつなぐ力が求められることから、公民館での勤務や地域学校協働活動など、地域の最前線で住民と関わる仕事を経験することを研修と位置付け、多くの職員にそのような機会を付与することが肝要である。

　上記の諸点を心がけることで、社会教育行政は首長部局を含む行政諸部門に学習という観点から「横串」を刺せるとともに、学習を通した地域づくりに対して地域住民とともに取り組むことができるだろう。22世紀に向け、明日の地域を創るとともに未来の社会を拓く社会教育行政でありたいものである。

註
1) 内閣府NPOホームページ（https://www.npo-homepage.go.jp/　、2019. 7. 3取得）。
2) 生涯学習審議会答申「今後の社会の動向に対応した生涯学習の振興方策について」（1992年）で提案された、現代の社会が抱えるさまざまな課題の学習。
3) 内閣府「生涯学習に関する世論調査」（2018年7月調査）の結果より。

4) 社会関係資本（ソーシャル・キャピタル）とは，「人と人」や「組織と組織」の社会的な関係が資本（財産）である，という考え方。稲葉（2011）など参照。
5) 中央教育審議会答申「人口減少時代の新しい地域づくりに向けた社会教育の振興方策について」（2018年12月21日）では，「学びと活動の循環」を，「学習の成果を地域での活動に生かすことで，充実感が味わえ，また，新たな課題の解決のために更に学ぼうという」循環と表現している。

【参考文献】
稲葉陽二 『ソーシャル・キャピタル入門』中公公論新社，2011。
寺中作雄監修・小和田武紀編著『公民館図説』岩崎書店，1954。
松下圭一 『社会教育の終焉』筑摩書房，1986。
―――― 『社会教育の終焉〈新版〉』公人の友社，2003。
文部省 『学制百年史』帝国地方行政学会（http://www.mext.go.jp/b_menu/hakusho/html/others/detail/1317781.htm，2019.7.3取得），1981。
田中雅文 『ボランティア活動とおとなの学び』学文社，2011。
―――― 「コミュニティ政策と社会教育との関係」日本社会教育学会編『地域づくりと社会教育的価値の創造〈日本の社会教育第63集〉』東洋館出版社，2019，pp.38-50。
寺中作雄 『社会教育法解説 公民館の建設』国土社，1995。

〔田中 雅文〕

【学びのポイント】
・社会教育法には，「国民の自主的な学習を重視し，そのための環境を国や地方公共団体が醸成する」という理念が表れている。
・公民館は，戦後まもなく郷土再建の拠点として全国に設置され，その後も社会教育の重要な拠点となっている。
・現代では，民間組織・首長部局・学術研究機関の台頭に加え，職員人事の変化と民間手法の導入により，社会教育行政は厳しい状況に置かれている。
・社会教育における学習は多様な効果をもたらすことから，その効果を高めるために「ネットワーク型行政」，住民・行政の協働，行政職員の研修という課題がある。

第 8 章

高齢者をめぐる政策と
学習の多様性

超高齢社会における学び

キーワード：超高齢社会，高齢者大学，2025年問題

● はじめに

　日本は世界中で類を見ないほどの高齢社会となっている。平均寿命は，2016年現在において，男性80.98年，女性87.14年となっており，65歳以上の高齢化の比率は2019年時点で28.3％となっている。日本の高齢化率は，1970年にWHOが提唱する「高齢化社会」の定義である7％を超えると，その24年後の1994年には「高齢社会」の定義である14％に達した。2005年には20％を超え「超高齢社会」と呼ばれるに至った。世界でも，アジア諸国の高齢化率の上昇が目立って多くなっており，韓国が18年，シンガポールが20年，中国が24年に高齢社会となるなど，今後，一部の国では，日本を上回るスピードで高齢化が進むことが見込まれている。

　成人の教育をアンドラゴジー，子供の教育をペタゴジーと呼ぶように，高齢者の教育のことはジェロゴジーと呼ばれている。先進国はすでに高齢化社会となっており高齢者の人口は増加し続けている。日本では高齢者の教育のイメージというと，お年寄りの女性の余暇活動のイメージが強かったが，団塊の世代と呼ばれている第1次ベビーブームの世代が定年退職を迎えて，高齢期の女性だけでなく男性も学習への関心が高まってきた。特に，日本では地域づくりや地域の活性化に対しての注目が高まっており，地域社会をより

良くするために必要となるスキルとしての学びに対しての期待が大きい。

そこで，このような超高齢社会の日本において高齢者の学習がどのような現状であるのかを理解しよう。

1 • 日本の高齢社会の現状

⑴　日本のこれまでの高齢者対策

はじめに，日本において近年どのような高齢者対策がされてきたのかについて明らかにしよう。

日本で初めて高齢者対策に関する法律が制定されたのは，1995年11月の高齢者対策基本法である。内閣総理大臣が会長となって高齢社会対策会議が開かれ，高齢者政策の全体の骨組みである高齢者対策大綱が作られ，同時に国会に対しての年間報告である高齢社会白書が作られている。

この高齢社会対策大綱は数年ごとに改変がなされており，高齢者に関わる他分野の政策の枠を超えて，高齢者に関わるあらゆる社会的課題について横のつながりを図って総合的に推進している。

2018年2月16日に公布された新たな高齢社会大綱では，65歳以上を一律に「高齢者」と見る一般的な傾向はもはや現実的なものではなくなりつつあり，70歳やそれ以降でも，意欲・能力に応じた力を発揮できる時代が到来したために，高齢化に伴う社会的課題に対応し，全ての世代が満ち足りた人生を送ることのできる環境をつくることを目的としている。

図8-1　高齢社会白書　平成30年度版

日本が世界に前例のない速さで高齢化が進み，世界最高水準の高齢化率に

なったことを踏まえて，これまでの「人生65年時代」を前提とした高齢者の捉え方についての意識改革を目指している。これは，高齢者の働き方や社会参加，地域におけるコミュニティや生活環境のあり方，新しい技術によって高齢期の能力が発揮しやすくなるような社会の実現など，「人生90年時代」を前提とした，壮年や青少年などあらゆる世代が社会に参画する豊かな人生を享受できる超高齢社会の実現に向けたものである。

　高齢者だけでなく，これから高齢者になる若者世代や高齢者が身近にいる人々にとって今後の超高齢社会では，健康管理や社会参加，生涯学習など，事前に高齢期に向けた準備が必要となるだろう。しかし，100年も経たないうちに平均寿命が延び，これまでの人生設計では年金問題や介護問題など多くの課題に対応することができず，社会の変化に即して個人で将来を見据えて対応することは困難になってきている。

(2)　　団塊の世代をめぐる学習課題

　今日の高齢者教育が発展するために重要なテーマは，定年を迎え退職した団塊世代と呼ばれる第１次ベビーブームに対して日本の社会がどのような対策を採るべきかということである。

　堺屋太一は1976年に発表した小説『団塊の世代』の中で，1947年から1949年にかけて生まれた第１次ベビーブームと呼ばれる世代が，日本社会のなかで大きな影響を与えていると述べる。この小説をきっかけとして「団塊世代」という呼び名は普及した。この世代の３年間の合計出生数は約806万人と全世代の非常に高い数値となっている。

　この団塊世代が退職を迎えたのは，2012年から2014年の３年間であるが，その間に100万人を超える数の人々が退職して「高齢者」となった。そのために，年金や医療保険など社会保障費が急激に増大し，大きな問題となった。さらに，高齢者の増加にともなって，就労問題や在宅介護・高齢者の貧困問題など様々な対策を行う必要も出てきた。特に，2025年問題と言われている，「団塊世代が75歳以上である後期高齢者となる課題」について対策が急がれている。多くの人々が後期高齢者となるために，介護や認知症予防など，どのように対策を進めていくのかが検討されている。

日本のバブル期を経験した団塊世代が高校や大学への進学するころに，その割合が高くなっていった。団塊世代の高校入学時期である1962年には，約64％の人が進学することとなり，これまでの日本の高校進学率を大きく上回った。したがって，団塊世代は高学歴化の象徴であった。この団塊世代の教育・学習に関する特徴は，定年後も悠々自適な生活を送ることを望む隠居生活よりも，社会と積極的に関わっていきたいと「生涯現役」を望んでいる傾向にある。そのような旺盛な学習意欲・活動意欲をもっている団塊世代が，新たな学習の機会を通じて，自分を高め，社会参画・地域貢献の役割を担っていくことが期待されている。

図8-2　高齢社会白書　平成30年度版

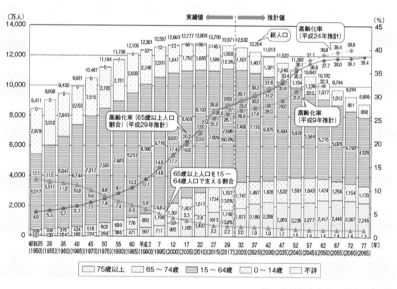

注：高齢社会白書　平成30年度版

　この団塊の世代定年を迎えて，高齢者人口が大幅に増加することを見すえて，高齢者の学びの環境整備を行っている文部科学省では2008年に「団塊世代等社会参加促進のための調査研究」，続けて2009年に「社会教育施設等における団塊世代等の学習活動及び学習成果の活用に関する調査研究」という報告書を出している。これは，団塊世代の社会教育・生涯学習環境がより地

域社会の中で広がってゆくことを目指して調査を行ったものである。この調査を基にして2012年には，「長寿社会における生涯学習の在り方について～人生100年いくつになっても学ぶ幸せ『幸齢社会』～」という報告書が出された。ここでは，「人生90年時代」となった今の時代に対応した新たな価値観や高齢者観を描くことを提案している。これまでの高齢期の生涯学習では，学習者がそれぞれ個々に自発的に自由で広範な学習や趣味，教養を学んでいたが，これからは社会との関わりを通して個人の生き方や考え方に変化をもたらすあらゆる活動が重要であると述べられている。特に，高齢者の学びでは，社会参画や地域貢献活動が重要であるとしている。このような考え方になった背景には，2011年3月に発生した東日本大震災での経験がある。日頃の地域連携，住民相互の顔合わせ，交流等の度合いが高いほど，震災対応が円滑であったことから，「地縁」や「血縁」に代替する，新たな「お互いに支え合いながら共生する絆ある地域社会」の構築が必要だということが明らかとなった。高齢者を支え合う地域をつくるためにも，高齢者の社会参画に関する学びの重要性が高まっている。

　高齢者の社会参画や地域貢献活動を促進させるためには，高齢者が自分の持っている能力を十分に生かすことができる環境づくりを進めるとともに，高齢者をこれまでのような社会的な弱者として保護される人という誤った見方から，地域社会の一員であるという見方へ国民全体の意識を変える必要があるだろう。また，高齢者が地域社会を支える一員として，豊かで活力ある地域社会の形成を図っていくためには，地域活動の役員は男性というような固定的な性別役割分担意識を改めて，男女が互いに尊重し合うことが重要である。

　このような理念のもとに，超高齢社会における高齢者教育の意義として以下に四つのテーマが掲げられる。

①生きがいの創出……学習活動や地域活動を通じた生きがいの創出による，豊かな第二，第三の人生の実現
②地域が抱える課題の解決……自立や協働の学びを通して地域が抱える課題解決の担い手として活躍することによる，地域の活性化

③新たな縁・絆の構築……学習活動や地域活動を通じて社会とのつながりをもち，地域での社会的孤立を防止
④健康維持・介護予防……体を動かすことで，健康維持・介護予防を行い，社会保障費を抑制

　その上で，高齢者一人一人が，若者と同様に社会の重要な一員として共生する豊かで活力ある長寿社会を実現するためにも，新たな縁を形成しうる生涯学習の果たす役割は重要である。学びの場から生まれる新たな同好の士のネットワークは「地縁」の形成につながり，地域での高齢者の見守りシステムの構築も期待できると述べている。

2 ● 日本における高齢期の生涯学習の展開

　高齢者への教育・学習が全国で展開していくきっかけとなったのは，1965年から1970年にかけて，当時の文部省から高齢者の学びの場の開設が推奨されたことからスタートしている。そこでは，高齢者の教育・学習の場として「高齢者学級」が開設され，費用の一部を助成する事業が展開された。それが「高齢者学級」として全国的に広がっていった。これまでに，「高齢者学級」「寿大学」「高年大学」「老人大学」など様々な呼び方がなされているが，高齢者の学習の中でも，学習を断片的ではなく，総体的に系統立てて組織的に行っている高齢者学級の総称としては，今日では「高齢者大学」と一般的に呼ばれている。日本の高齢者の教育・学習は，この高齢者大学における学習活動とともに広がっていった。
　この高齢者学級で行われる学習内容は時代によって変化している。それは，それぞれの時代の社会の状況との関わりが深い。
　この高齢者大学の講座の運営は，全国のほとんどの自治体が福祉行政の中に位置付けられている。それには，表1をみるように，高齢者の福祉・医療問題が世の中で重要になってきた経緯がある。介護やケアを受ける高齢者のための生きがいづくりとして，趣味や教養を学ぶことによって，より豊かな老後を生活してもらうことを目的としていたのである。また，学校教育をよ

表8-1 高齢者教育の歴史

年代	高齢者学習の内容
1950年代	戦後民主主義と戦争の慰安としての学び
1960年代	高齢者への対策の学習
1970年代	家族と高齢者の問題
1980年代	高齢者の福祉問題
1990年代	高齢者の主体形成と教養の学習
2000年代	高齢者への社会保障問題
2010年代以降	地域社会での高齢者の自立のための学習

りよくする活動がメインである教育委員会よりも，福祉・介護・ケアに関わる福祉行政の方が，高齢者の学習環境をよりよくするための予算を確保しやすいことも要因となっている。福祉行政の中で行うメリットとしては，各都道府県や市町村の社会福祉協議会と連携をして高齢者リーダーを要請することによって，社会福祉協議会が扱っている老人クラブなどの高齢者組織と連携をして，地域づくりを行える点が挙げられる。

しかし，今日では行政に捉われない民間主導での活動が盛んになってきている。例えば，青少年の宿泊学習の場であるユースホステルを参考にアメリカで始まった，高齢者を対象とした旅をしながら学習を行うエルダーホステルや，父親の子育て支援から祖父世代への子育て支援である孫支援を行う組織，高齢者の就労支援事業，退職してからの第2の人生で新たな経営を行う高齢者向けの経営セミナーなど幅広い学習形態が生まれている。

これら特徴は，身近な地域や同じ興味をもつ高齢者のニーズに沿った学習内容であるために，高齢者の学習意識を共有することが容易なことである。

3 • 地域と連携した高齢者の学習の取り組み

高齢者の特性を生かした実践が各地で行われている。その代表的な事例を紹介しよう。

(1) 教育サポーターとしての地域高齢者

　2008年9月に文部科学省から「教育サポーター制度の普及に向けて～一人
ひとりの経験と知が求められています～」が出された。

　この教育サポーターとは，高齢者が，職業や日々の生活，学習等で得た知
識や経験，技術等を生かし，学校の授業・活動の講師や社会教育施設の学
級・講座の講師などとして「学習支援」を行う人のことである。この教育サ
ポーター制度により，地域の人々，学校や社会教育施設等の教育関係機関，
教育委員会等が連携して教育サポーターに関する取組みを進めることにより，
地域人材の発掘，人々の地域活動の活発化や活動内容の高度化，活動の場の
創出等が図られ，地域の教育力の向上や生涯学習の推進につながることがね
らいである。

　教育サポーター制度には二つの特徴がある。①教育サポーターの研修・証
人・登録による一定水準の確保，②コーディネート機能の活用による教育サ
ポーターと受入側の的確なマッチングの実施，である。

　この制度の特徴は，すでに類似の人材登
録制度を導入している地域や学校ボランテ
ィアとの連携を図っている地域などでは，
既存の事業に取り入れることによって教育
サポーター制度として展開できる点にある。
例えば，講師や指導者の登録や人材のマッ
チングなどを教育委員会にて実施すること
で，教育サポーターが使命感や責任感をも
って積極的に活動ができたり，受け入れ側
にも安心して活動の依頼を行うことができ
るというメリットがある。

　実施事例としては，愛媛県で行われた松
山教育サポーター事業推進委員会の取り組
みなどが挙げられる。この委員会は，団塊
世代の退職教員や民間企業の退職者を対象

図8-3　愛媛県教育委員会「えひめ
　　　　学校教育サポーター企業 HP」

とし，公共機関を活用したポスター，チラシによる教育サポーターの募集活動を行い，研修と登録を行い，放課後子ども教室等で実践研修を行った。2013年には，「えひめ学校教育サポーター企業」の登録を開始し，データベース化を行い，各学校がその教育サポーターの教育支援を円滑に幅広く受けることができるシステムを作った。現在では，約150以上の企業・団体が登録を行っている。

⑵　孫育て支援としてのイクジイの役割

　近年，育児を積極的に行う男性を意味する「イクメン」という言葉が浸透してきた。これまで日本の男性が，家事・育児に関わる時間が少なかったことから，2009年6月に育児・介護休業法が改正され，男性の育児休暇を取得しやすい環境づくりが推奨されるようになってきた。男性の仕事と生活の調和，いわゆる「ワーク・ライフ・バランス」の考え方が浸透することを目指して，2010年6月には，厚生労働省が「イクメンプロジェクト」を発足させている。

　この父親支援の活動が全国的に広がりを見せるなかで，祖父や高齢の男性が孫世代の育児に関わる人のことを「イクジイ」と呼ばれ，孫支援施策が注目されている。

　父親支援活動を中心とした組織であるNPO法人ファザーリング・ジャパンでは，2011年4月より「イクジイプロジェクト」を立ち上げた。このプロジェクトは，孫の世話や遊び相手だけではなく，これまでの人生経験やキャリアを生かした支援を行っている。たとえば，①イマドキの子育て講座，②初孫講座（これから孫を迎える祖父母向けのカリキュラム），③遊び講座

図8-4　大分市『おおいた孫育てガイドブック』

（子どもの成長に必要不可欠である遊びについて学ぶカリキュラム），④絵本講座，⑤イクジイスクール（講演・セミナー），などが行われており，高齢者と核家族を強いられている子育て世代のマッチングを目的としている。そして，高齢者が多世代交流や地域デビュー，子育て支援活動など，地域社会への参画を推進している。

　また，近年では「孫育て」として，母子手帳を参考にした祖父母手帳が全国的に広がりを見せている。今日の時代に合わせた子どもの育て方についてのガイドブックをつくり，孫支援を啓発しようとしている。

⑶　自主的な高齢者大学の運営

　行政に頼らず自主的に学ぶ高齢者のための場として「大阪府高齢者大学校」がある。当初，大阪府老人大学として1979年に大阪府老人総合センター内に開校したものである。2007年からは，大阪府福祉館において大阪府高齢者大学校として行政によって運営されていた。しかし，2009年3月に大阪府の財源再建を目的として廃止されたために，高齢者大学事業を請け負う形で高齢者が主体的に大阪府高齢者大学校を始めた。

　現在では，約60講座，約2,500人以上が受講している。大阪府高齢者大学校の学習目的は，社会の各分野で活動してきたシニア世代が，本講座で仲間と共に，文化・芸術・スポーツ等の学習と体験，多世代交流，まちづくりや環境保全，人権擁護，男女共同参画，外国人・留学生との交流等の学習活動を行い，自ら考え，自ら社会参加することにより，健康で調和のある生活の保持・拡充を自らの生きがいづくりとして実践し，また，行政・企業・

図8-5　認定NPO法人大阪府高齢者大学校「2019年度受講生募集パンフレット」

NPO等との協働とサポートの活動を総合的に行うことにより，社会の広い分野での貢献である，としている。

4 ● これからの高齢者の学びとまちづくり

　日本の急激な社会状況の変化の中で，高齢者の学びが変化している。特に，団塊世代が後期高齢者となる2025年問題に対して，これからの高齢者の生活環境をどのように整備していくのかが課題となっている。

　これまでの高齢者のイメージは，介護やケアされる福祉を受ける人というものであった。しかし，日本で元気で活動的な高齢者が急増することによって，その高齢者に対してどのような学習が必要であるのかについては改めて考えなければならない。特に，地方都市では人口減少が進み，高齢者が地域の主役として地域を活性化する必要に迫られている。これからの高齢者が地域を牽引するリーダーとして活躍するためにも，これまでのように趣味や教養の学習だけでなく，高齢者が主体的に社会参画や地域貢献を行うための学習が必要となってくるだろう。また，高齢者の学習の興味や志向も社会との関わりをもって自己実現をすることへと変化してきている。

　このように今の時代に合わせた高齢者教育を実現するためにも，高齢者政策を福祉行政だけで行うだけでなく，教育行政や地域づくり行政，高齢者の就労支援に関する行政など，横のつながりをもって，高齢者の学習に対応していく必要がある。いわゆる高齢者施策の社会的ネットワークの構築が重要である。高齢者が主体的に地域社会をつくる地域力を高めるためにも，高齢者の学習によるネットワークによるつながりを強めるべきである。

　近年，各所で高齢者の主体的な学習が行われ，地域社会のリーダーシップを養成するようになってきた。さらに，高齢者自身がこれまでのキャリアを生かしたNPOやソーシャルビジネスといった新たな企業・団体の立ち上げなど，高齢者が社会参画・地域貢献するための組織形態の幅は広くなっている。今後，地域社会に積極的に関わってゆこうとする高齢者を支援するためにも，世代を越えて社会全体で考えていくことが大切である。

【参考文献】

内閣府編『平成30年度高齢社会白書』，2018。

久保田治助『日本における高齢者教育の構造と変遷』風間書房，2018

東京大学高齢社会総合研究機構編著『東大がつくった高齢社会の教科書』東京大学出版会，
　　2017。

堀薫夫『生涯発達と生涯学習［第2版］』ミネルヴァ書房，2018。

〔久保田　治助〕

【学びのポイント】

・高齢者の学習は，社会状況とともに変化していること。

・超高齢社会のなかで，高齢者の学習が多様であること。

・現在の高齢者の特徴について理解すること。

日本社会における成人の基礎教育保障に向けて

おとなの「学び直し」を考える

◇◇

> キーワード：学び直し，義務教育未修了者，夜間中学校，教育機会確保法

1 • はじめに

　「ここにあなたの名前を書いてください」と求められる機会があれば，多くの人はなんら支障なく書くことができるであろう。文字を書くという行為それ自体，今日の日本社会では特別に問題視されることは少ない。確かに，日本の識字率（日常生活における簡単な文字の読み書き，計算能力を示す割合）は限りなく100％に近い数値が報告されており，「読み書きができることは当然である」とする見解が主流となっている。しかし，現実にはどうであろうか。今日，日本社会においてもおよそ12万人にもの人が義務教育未修了であり，ひらがなの読み書き能力に乏しく，成人しても社会に参画することが困難な状況に置かれている実態が明るみになっている。経済大国として位置づけられる日本では，すべての人が文字の読み書きが可能であり，識字教育等は開発途上国の問題であるとさえ考えられてきたことからすると，読者は驚きを禁じ得ないであろう。本章では，日本社会における成人の基礎教育の保障をめぐり，これまで，その中心的な役割を担ってきた夜間中学校という教育の「場」を中心に，今日の日本社会における成人の「学び直し」について考える。

2 • 「義務教育未修了者」という存在

　今日の日本社会において，日本語の読み書きが困難であるため，厳しい生活環境に置かれている人たちが存在する。その数は，およそ12万人にものぼることが明らかになった。困難を抱えている彼・彼女たちはどのように日常生活を営んできたのだろうか。

・子どもの学校活動について，保護者間の話題に入れず，発言することもできなかった。
・病院で受診する科が分からなかったし，問診票などにも氏名を書くことができなかった。
・買い物でも割引の計算できなかった。
・駅で切符が買えなかった。
・読み書きが必要のない仕事しかできない，就いたことがない。
・仕事に就けても，日報などを書くことができなかった。
・自分宛に届いた手紙は捨てた。
・自分は生きる価値がないと感じた。
・障がいのため学校に行けず文字も読めず現在，二重の苦しみを背負っている[1]。

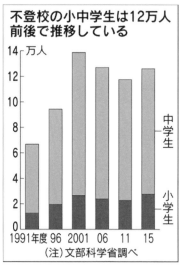

図9-1

出典：http://www.mext.go.jp/a_menu/shotou/yakan/index.htm, 2019，12，5 参照

　この他にも，役所に行くときは利き腕に包帯をわざと巻き，怪我を理由に代筆を頼むようにしていた人もいたという。義務教育という教育の機会を得ることができなかった人たちの声から，彼らの厳しくつらい経験を私達はどのように捉え

るべきであろうか。彼らは義務教育を修了していなければ，条件のよい仕事には就くことはできないことを日常生活の中で思い知らされている。職場でその日の仕事や活動について日報に記載することを求められても，書くことができないのである。

　つまり，彼らにとって文字と向き合うことは苦痛を強いられる状態であり，文字を避けてしまう生活を送ることになってしまうのである。私達は，このような状況を見過ごしておくことはできないのではないか。経済大国と言われる日本であるが，基礎教育をすべての人が受けられる社会を築いていくことが求められる。

3 • 夜間中学校という学びの「場」：多様化する学習者の顔ぶれ

　「夜間中学校」という学びの「場」を読者は耳にしたことはあるだろうか。夜間中学校とは，戦後の混乱期，生活困窮などの理由から昼間に就労，または家事手伝い等を余儀なくされた子どもたちが多くいたことから，義務教育の機会を提供することを目的に，1947年に設けられた。2019年4月には埼玉県川口市，千葉県松戸市に公立夜間中学校が開設されたことにより，現在では，47都道府県の内，9都道府県に33校設置されている。（図9-2参照）

　では，どのような人が学んでいるのだろうか。夜間中学校には，様々な年齢，国籍の人が中学校の卒業資格や読み書きの習得を目指して学んでいる。義務教育未修了の学齢超過者や，外国人等で日本語の学習を希望する者など，様々である。2016年全国夜間中学校研究会の調査では，在籍生徒数1860名のうち，新渡日外国人：1239人（66.6％），日本人：309人（16.6％），中国人230人（12.4％），在日韓国・朝鮮人　68人（3.7％）という構成となっている[2]。日本人が圧倒的に少なく，約8割が外国人という傾向にあり，学習者の顔ぶれが多様化していることがうかがえる。

　文部科学省のデータにより年齢別でみると，60歳以上の生徒が456人（27.0％），15～19歳の生徒が73人（20.3％）である（図9-3）。

　夜間中学に通う生徒の背景は様々に異なっており，年齢・国籍等による生活経験のみならず，学力も多様である。原則週5日間，3年間通うことにな

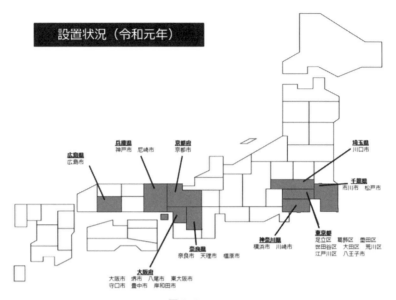

図9-2

出典：http://www.mext.go.jp/a_menu/shotou/yakan/index.htm　2019.12.5

っているが，過去の学習歴を考慮し，2年から編入する場合もある。授業時間は，平日の夕方から夜にかけての1日4時間程度であり，授業以外に学級活動，掃除などの時間の他，昼間の学校と同様に運動会や文化祭，遠足，修学旅行など様々な行事も行われている。給食が食べられる学校もあり，生徒にとって食事が用意されていることは非常に意味がある。教科書も昼間の学校と同様の教材を使用しており，卒業の際には，中学校の卒業証書が授与される。夜間中学は公立中学校の夜間学級という位置づけである。教員免許を持った公立中学校の教員の他，日本語が困難な生徒には日本語指導の先生や通訳の人に協力してもらうなど，より丁寧な対応をとっている学校もある。授業料や教科書代は無償であるが，一部の教材費や給食費，遠足や修学旅行等の学校行事に参加するには自己負担が必要となる。

　中学校を卒業していない人で，学びたいという強い気持ちがある人なら，何歳でも入学を申し込むことが可能である。外国籍の人も日本人と同じように入学を申し込むことができる。また，不登校など様々な事情から長期欠席

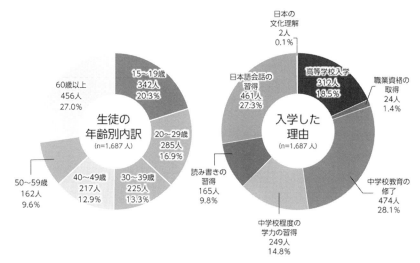

生徒の年齢別内訳 (n=1,687人)
- 15〜19歳 342人 20.3%
- 20〜29歳 285人 16.9%
- 30〜39歳 225人 13.3%
- 40〜49歳 217人 12.9%
- 50〜59歳 162人 9.6%
- 60歳以上 456人 27.0%

入学した理由 (n=1,687人)
- 日本の文化理解 2人 0.1%
- 高等学校入学 312人 18.5%
- 職業資格の取得 24人 1.4%
- 中学校教育の修了 474人 28.1%
- 中学校程度の学力の習得 249人 14.8%
- 読み書きの習得 165人 9.8%
- 日本語会話の習得 461人 27.3%

出典：文部科学省「平成29年度夜間中学等に関する実態調査」より

図9-3

となり，形式的に卒業した人が成人し，中学校で学び直すことを希望した場合も入学することが可能である。

　夜間中学校は公立夜間中学校のみではなく，自主夜間中学校もある。ボランティアの人たちの協力を得ながら，地域の集会場や施設にて学習活動が行われている。自主夜間中学校は公的な機関ではないため，履修したことを証明する卒業証書は授与されないが，現在，161の市区町村で1,533もの団体が活動を行っている[3]。

4 • 「教育の機会の確保等に関する法律」について

　2016年12月7日に「義務教育の段階における普通教育に相当する教育の機会の確保等に関する法律」（以下，「教育機会確保法」）が成立したことは，学校教育関係者をはじめ，多くの教育支援者や実際に学びの場に身を寄せている学習者を勇気づけるものとなったに違いない[4]。

　2016年12月，「義務教育の段階における普通教育に相当する教育の機会の

確保等に関する法律」が成立し，2017年2月に全面施行された。同法第14条において，全ての地方公共団体に，夜間中学における就学機会の提供等の措置を講ずることが義務付けられた。今後，自治体においては，夜間中学の新たな設置や，いわゆる自主夜間中学等における学習活動への支援などに取り組むことが求められる。

　文部科学省では，少なくとも各都道府県に1校は夜間中学が設置されるように，また，既存の夜間中学において多様な生徒の受入れ拡大が図られるように，支援に向けて動き出している。

　一方，基礎教育の機会を求める人々の活動は，「教育機会確保法」の成立後も現在の法の見直しを求めて意見交流会の開催や義務教育未修了者数の把握に向けた国勢調査の改善を求めて学習会を行うなど，その活動は活発化してきている。教育機会確保法の成立により，夜間中学校との関連では次のような点がポイントとなる。

・年齢・国籍等にかかわりなく教育の機会が確保されること。
・国，地方公共団体は教育機会確保施策を策定しなければならないこと。
・実施する責務，財政措置の義務が発生すること。
・地方公共団体は，夜間中学等の教育の機会を提供する義務があること。
・都道府県と市町村・民間団体による協議会の設置，他

　ところで，全国夜間中学校研究会では法制化に向けて動き出した際に掲げた大きな目標がある。それは，①「夜間中学を法律の中に明確に位置付けること」，②「義務教育未修了者数を確実に把握すること」，③「全国に夜間中学を増設すること」，④「自主夜間中学に対する経済支援を行うこと」である。「教育機会確保法」が成立し，国勢調査の項目変更が確定すれば，上記目標の①と②はかなったことになるが，③と④についてはさらに行政への説明を続け，自主夜間中学との協力で実現していかなければならないとしている。この四つの目標が実現した社会は，「学習権」を人権と位置づけ，誰がどこに住んでいても，国籍や年齢に関係なく日本社会で生きていくための基礎となる学習を受けることが可能となるとしている[5]。

5 • 「教育機会確保法」成立後の動向

　教育機会確保法の附則には，「この法律の施行後三年以内にこの法律の施行の状況について検討を加え，その結果に基づき，教育機会の確保等の在り方の見直しを含め，必要な措置を講ずるものとする」とある。夜間中学校の元教員や自主夜間中学校で活動する実践家らは，法律の成立により学校という「学びの場」を設置するだけではなく，より学習する者にとって，配慮が必要であることを求めている。具体的には，以下のような項目が要望されている。

①車椅子利用者等も夜間中学校に入学できるように対応すること。
②学齢超過の夜間中学生にも就学援助の申請資格を付与すること。
③スクールバスや福祉タクシー活用等による，通学支援を行うこと。
④各都道府県に夜間中学設置の促進に向けた，組織化を図ること。
⑤義務教育相当の学力に関する「識字調査」を実施すること。
⑥夜間中学の教職員配置数の抜本的改善を行うこと。
⑦夜間中学にスクールカウンセラーやソーシャルワーカーを配置すること。
⑧大学の教職員養成課程や現職の教職員研修に夜間中学や不登校に関連した
　内容を盛り込むこと。
⑨義務教育相当の学習支援を行う自主夜間中学等の民間団体の活動が支障な
　く実施できるように，公共施設使用の際の「減免措置」等，行政による支
　援の一層の充実を求める。

　この他，利用施設のエレベーター設置等によるバリアフリー化を促進することも課題である。高齢で車椅子を使用している方はエレベーターがなければ，参加することが難しいからである。また，地震等の防災の観点からも，教育施設としての確認，点検が早急に求められている。さらに，2019年4月から「入管法改正（出入国管理及び難民認定法及び法務省設置法の一部を改正する法律）」が施行されたことから，外国につながる人々の教育支援活動

も急務である。

　義務教育未修了者に学習の機会を保障する根拠法ができたことは喜ばしいことである一方，これまで，手弁当で運営を担ってきた自主夜間中学校などの教育支援活動にも行政側からの財政支援が改善されていくことを期待したい。そして，何よりも，夜間中学校で学ぶ人たちの姿を現代の日本社会の縮図として捉え，セカンドチャンスとしての学びを奨励する社会を築いていくことが求められる[6]。

　このことは，日本社会において，「万人のための教育（Education for All」を実現することに他ならない。日本社会における基礎教育保障としても，継続した取り組みが必要であり，社会の課題に応えることが求められる。

註
1)　関本保孝「日本社会における基礎教育保障を考える：日本語教室，識字学級，夜間中学校における活動から」，日本社会教育学会第64回研究大会，ラウンドテーブル資料より，2017。
2)　第62回全国夜間中学校研究大会事務局発行『第62回全国夜間中学校研究大会・大会資料』，2016。
3)　自主夜間中学校の実践については，工藤慶一，2018,「教育機会確保法の成立と私たち」，『基礎教育保障学研究』第2号，野川義秋，2018,「夜間中学の灯が荒川を越えて！──法制化と埼玉の夜間中学運動──」，『基礎教育保障学研究』第2号，埼玉に夜間中学を作る会　川口自主夜間中学三十周年誌刊行委員会編，2016,『月明りの学舎から』，東京シューレ出版，等。
4)　教育機会確保法の成立をめぐっては，様々な意見がある。本稿では，夜間中学校を成人の学び直しの「場」と捉え，その設置を推進する立場からの見解であることを述べておく。
5)　須田登美雄「全国夜間中学校研究会 "義務教育機会確保法" 成立に向けた諸活動について」，『基礎教育保障学研究』第2号，2018。
6)　元夜間中学校の教員やボランティアを中心に活動する「夜間中学校と教育を語る会」では，夜間中学生の姿を描いた映画「こんばんはⅡ」を制作し，映画の上映会とともに夜間中学校の増設の動きを加速させるため，現在，「全国夜間中学キャラバン」を

展開している。

【参考文献・資料】

文部科学省　http://www.mext.go.jp/a_menu/shotou/yakan/index.htm

　（2019年12月5日付け）

文部科学省「平成29年度夜間中学等に関する実態調査」

夜間中学校と教育を語る会『夜間中学の基本事項Q＆A～義務教育機会確保法と文部科
　学省の方針を踏まえて～改訂3版』，2018。

〔長岡　智寿子〕

【学びのポイント】

・日本社会における基礎教育保障をめぐる動向について

・「学び直し」とは，どのようなことを意味するのでしょうか？

・夜間中学校という学びの「場」について

第⑩章 ◇◇

成人教育における
防災教育の展開と課題

東日本大震災での経験と学びを共有するために

◇◇

> **キーワード**：防災教育，東日本大震災，国連防災世界会議，仙台行動枠
> 組み2015-2030
> ICAE 国際成人教育協議会

1 • 国際成人教育会議（CONFINTEA）における
防災教育の位置づけ

　2017年に韓国のスウォンで開催された第6回国際成人教育会議中間総括会議の声明は，ベレン行動枠組みに準じた「政策」「ガバナンス」など五つの活動領域と識字など三つの主要学習分野の考察に加えて，鍵となる三つの領域を追加的に提起した[1]。その一つに，「防災 disaster preparedness，減災 disaster alleviation，復興 recuperation」のための成人学習・教育の取り組みがある。文書全体の中ではわずかな記述であるが，成人教育における防災教育の展開にとっては大きな意味を持つものであった。というのは，国際成人教育会議の最終文書で，はじめて防災にかかわる教育・学習について言及されたからである。

　国際成人教育会議の歴史を振り返ってみると，1985年の第4回パリ会議以降を見ても，世界各地で，特にアジアで大規模な自然災害が繰り返し発生し，多くの人が犠牲になってきたにもかかわらず，国際成人教育会議においては，防災教育は緊急性の高い重要課題として取り上げられてこなかった（表

表10-1　国際成人教育会議の開催と大災害

発生年	会議・災害名	都市・国名	犠牲者概数
1985	第4回国際成人教育会議	パリ（フランス）	
1995	阪神・淡路大震災	神戸（日本）	6500
1997	第5回国際成人教育会議	ハンブルク（ドイツ）	
2004	スマトラ沖地震	アチェ（インドネシア）	300000
2005	ハリケーン・カトリーナ	アメリカ	2000
2008	四川大地震	四川省（中国）	30000
2009	第6回国際成人教育会議	ベレン（ブラジル）	
2011	東日本大震災	東北（日本）	20000
2015	ネパール大地震	カトマンズ（ネパール）	8500
2017	第6回国際成人教育会議中間総括会議	スウォン（韓国）	

出典：著者作成。

10-1参照）。例えば，2004年12月にインドネシア，スマトラ沖地震で発生した大津波で，インド洋沿岸各国で約28万人が犠牲になったが，2009年にブラジルのベレン市で開催された第6回ベレン会議は，「ベレン行動枠組み」[2]に防災教育を位置づけるに至らなかった。

　成人教育の国際的文脈の中で，防災教育の緊急性・重要性が十分に認知されていない要因として，防災の取り組みにおける教育・学習が学校中心に進められ，成人教育固有の防災教育・学習の位置づけが弱かったことが挙げられる。国連は1990年代を「国連防災の10年」とし，1994年に横浜市で第1回国連防災世界会議を開催し「より安全な世界に向けての横浜戦略」を採択した。2000年には「国連国際防災戦略事務局」を設置し，2005年には第2回国連防災世界会議を神戸で開催し，「兵庫行動枠組み2005-2015」[3]を採択，2015年には第3回国連防災世界会議を仙台で開催し，「仙台行動枠組み2015-2030」[4]を採択している。

　1994年の「より安全な世界に向けての横浜戦略」では，防災文化の普及と教育，地域全体での教育・訓練，災害に強いコミュニティ形成などが記され，2005年の「兵庫行動枠組み2005-2015」でも「横浜戦略」をさらに発展させて，「あらゆる教育段階で，防災文化を創造するために，知識，革新的技術，

教育を活用する」という項目が設けられ，学校や地域での教育・訓練が提起された。しかしながら，そこには災害に強いコミュニティづくりのプロセスで必要と思われる成人教育への言及は見られない。

　一方，ユネスコは，教育・文化分野における国際機関として，教育における防災の取り組みを重視してきている。ユネスコにおける防災の取り組みは以下の通りである[5]。

教育における防災の取り組みの内容
・教育・学習活動における防災の取り組みの促進
・学校安全と災害管理の促進
・安全な学校環境づくり
教育における防災の取り組みのねらい
・命を守り，負傷者を出さない。
・教育の場で一人の犠牲者も出さない。
・人々の防災力を高める。

　その上で，国の政策担当者に，教育政策・教育計画において防災の取り組みを不可欠の部分として組み込むことを求めている[6]。

　しかしながら，これらのユネスコの取り組みでも，学校教育中心となっており，地域の防災力を高めるための成人教育の取り組みの重要性を主張するには至っていない。

2 • 東日本大震災の教訓
── 成人教育における防災教育の重要性

　以上のように，成人教育の国際的文脈のなかでは，防災教育は十分に位置づけられていないが，2011年の東日本大震災以降行われてきた被災地での調査・研究を見ると，これとは逆に成人教育において防災教育・学習が極めて重要である。

　岩手県大船渡市赤崎地区では，東日本大震災の2011年以前から赤崎地区公

民館を中心に丁寧な防災学習・訓練を地域全体で行っていたことが功を奏し，津波被害から地域住民の多くの命が救われた。赤崎地区全体が高さ10メートルの津波に飲まれ，家屋については甚大な被害を受けたが，住民約4000人のうち犠牲者は48名で，犠牲率は1.2％となっている。日頃から公民館を中心にほぼ全世帯の住民が参加して津波に備えた避難訓練を行っており，障害者や高齢者などの要支援者についても，近隣住民が複数で一緒に避難するという体制を整えていた。被災後も，被災前からの学習活動や訓練が生かされ，地域住民の避難所となった赤崎地区公民館の避難所運営がスムーズに行われた。これを可能にしたのが，地域住民の学習・文化施設としての公民館の存在であり，公民館長や職員が経験とスキル，ネットワークを活かした防災学習の展開であった[7]。

　これに対して，宮城県名取市閖上（ゆりあげ）地区では，地域住民約１万のうちの約一割の981人が主に津波被害の犠牲となっている（犠牲率は約１割）。海岸近くに造られた新興住宅地を含むこの地区では，津波に備えての避難計画はあったものの住民に周知されず，避難訓練もしっかりと行われていなかった。市指定の避難所となっていた閖上公民館でも「正確な情報が収集できない」「拡声器がない」「防災組織がない」など防災対策がほとんどなされていなかった[8]。

　また，学校でも防災教育や訓練が重要である。岩手県釜石市の小中学校の児童・生徒・教職員の事例は，「釜石の軌跡」として知られる。大津波の被害にもかかわらず，小中学校にいた3000名全員が自主的に避難して生きのびることができた。また，子どもたちが率先した避難が地域住民の避難を先導し，地域住民の命をも救った[9]。釜石市では2005年から各学校で丁寧な津波防災教育を行っており，その成果によるものであった。

　一方で無念なのは，宮城県石巻市大川小学校で全校児童108名のうち74名，教職員10名が津波の犠牲になったことで，学校において防災の取り組みが不十分な場合，どれほど大きな悲劇が起こりうるかを示した。北上川河口に位置する大川小学校では，地震発生直後，子どもたちは校庭に避難したが，避難先を決められずに，校庭に50分ほど待機したのちの避難開始直後に津波に襲われた。学校のすぐ裏手には，シイタケの栽培で子どもたちが授業で登っ

ていた山があったが，そこに向かうことはなかった。これまでの調査や裁判
で明らかになっているのは，津波に対する日頃の備えが不十分であったとい
うことである。以上の事例に見られるように，東日本大震災では，地域全体
での防災に向けての教育・学習と訓練が住民の命を守るために重要であるこ
とが示された。

3 • 国際協力の枠組み

　こうした地域と学校での防災教育・学習の重要性をどのように国際的な共
通理解とするかが次の課題となる。筆者がこの 4 年間に日本とニュージーラ
ンドで実施してきた共同研究・実践を一事例として紹介したい。
　ニュージーランドは，日本と同様，太平洋プレートが大陸プレートに潜り
込む境界に位置し，同様のメカニズムで地震，火山噴火，津波が発生する災
害国である。2011年の東日本大震災前の 2 月に南島で発生したカンタベリー
地震により，クライストチャーチ市では留学中の日本人学生を含む185名が
亡くなっているが，災害への取り組みが一定進んでいたこともあり，建物被
害の割には犠牲者が少なかった。
　ところが，津波防災についてはまだ不十分で，東日本大震災の2011年以降
も，大きな津波被害が想定されているところでも必ずしも十分な取り組みが
行われていない。その一つが北島東岸のタウランガ市および近郊のパパモア
（海岸）地区である。
　共同研究のきっかけは，ニュージーランドにおけるマオリ先住民族の伝統
知を活かした防災の取り組みの調査のための現地訪問であった。津波が想定
される地域でありながら十分な対策が採られず，地域にある小学校の防災対
策が不十分であると思われ，共同の取り組みを提起したことから始まった。
　最高14メートルの津波が到達する可能性があるパパモア海岸近くにある二
つの小学校では，児童の避難場所が確保されていなかったり，確保されてい
ても高さが十分ではないなど，津波防災の取り組みが不十分であった。また，
地域での防災の取り組みについても，災害時の防災放送やサイレンが設置さ
れていなかった。これは宮城県石巻市大川小学校の悲劇を想起させるもので

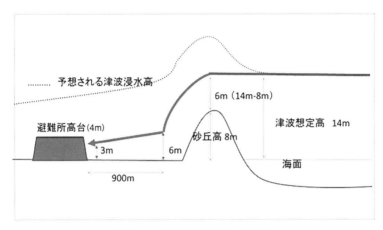

図10-1　市の想定とのずれを表記

あった。このため，筆者は，二つの小学校の校長を日本に招き，被災地を訪問してもらうことから取り組み，小学校での防災の改善に共同で取り組んだ。また，同地域の防災を担当するベイ・オブ・プレンティ郡防災担当者に対しては，津波防災の課題に関する研究会をもち，東日本大震災の経験や教訓を伝えることに努めた。

　そうした中で注目されたのが，津波に対する認識のズレであった。東日本大震災以降，多くの日本人は津波は海岸に押し寄せるような波ではなく，波長が数キロに及ぶために壁のように押し寄せてくることを知っている。しかし，ニュージーランドでは，津波ハザードマップにサーフィンのような波がイメージとして使われていた。図10-1は，パパモア海岸地区に新たに建設された高台避難所（4m）の高さの合理性について，ベイ・オブ・プレンティ郡への説明を図にしたものであるが，実際に津波が押し寄せてきた場合，この高さではまったく不十分である。すでに岩手県陸前高田市の津波被害の調査から明らかなように，海岸から数キロの内陸でも海岸とほぼ同じ高さの津波が到達していることに基づけば，パパモア地区でも最低14mの高台や防災タワーが必要となろう。

　タウランガ市およびパパモア海岸地区の二つの小学校と地域における，日本との共同研究や交流を通じて少しずつではあるが，共通の認識を生み出し

ている。しかし，災害はいつ発生するかわからないために，取り組みを加速させていく必要がある。また，こうした国際協力・連携を二国間だけでなく多国間で，あるいは国際組織で行うことが求められる。

4 • 第7回国際成人教育会議（CONFINTEA Ⅶ）に向けて

　大規模な自然災害は，世界各地で今後も発生することが予想され，地域や学校における防災教育・学習・訓練の重要性は増しつつある。こうした意識を高めていくためには，各国政府や市民組織の国内での取り組みだけではなく，国連や国際 NGO の取り組みなどが重要である。

　まずは，国連防災世界会議における防災教育・学習の位置づけを再考し，重要な柱とする必要がある。本論の2で述べたように，東日本大震災以降の調査・研究により，災害から命を守るためには，地域をベースとした防災教育・学習・訓練が極めて重要であり，国連防災世界会議においても，あらためて地域や学校における防災教育・学習に関わる実践や情報の共有を目指すべきであろう。隔年で開かれるグローバル・プラットフォーム会議でも教育の位置づけや議論が必ずしも十分ではない。

　次に，国連防災世界会議での取り組みと並行して，国際成人教育会議 CONFINTEA での防災教育・学習の位置づけを高める必要がある。2017年の中間総括会議での声明は「紛争 Conflict，紛争後 Post-conflict，災害 Disaster の文脈の中での成人教育・学習」という小見出しのもとで，「防災，減災，復興のための成人教育・学習のあり方を考える」と言及している。第7回に向けての準備のなかで，頭出しされた新たな課題として，各国政府および市民組織などが積極的に取り組み始めることを期待したい。

　そのためには，CONFINTEA を支える国際 NGO として重要な役割を果たす国際成人教育協議会（ICAE）およびアジア南太平洋基礎・成人教育協議会（ASPBAE）など世界および地域の成人教育組織での議論とネットワーク形成が求められる。ICAE はこの間に，自然災害に多く見舞われたアジアを中心に，防災教育に取り組む人々のネットーワーク化について議論はしてきているが，形成には至っていない。

そしてその際に，阪神・淡路大震災や東日本大震災を経験し，多くを学んでいる日本の社会教育関係者の果たす役割はたいへん大きいと言えよう。国連の防災の取り組みの中で，兵庫・仙台フレームワークのように，日本が起点となっているのは偶然ではなく，やはり両震災を経験したからである。成人教育分野での防災教育の重要性を訴え，ネットワーク形成を進める上で，日本の社会教育関係者への期待は大きいと思われる。

　最後に，こうした国際的な取り組みが東日本大震災などこれまでの犠牲者の鎮魂と残された人々の生活再生に努める人々の励ましになることを指摘したい。これまでに多くの人が災害で犠牲となってきたが，これらの人々の命の尊さを忘れてはならないし，遺族や友人・知人が災害からの復興に必死で取り組んでいることも忘れてはならない。これらの人々に寄り添うということは，ただ現地にボランティア活動に赴くことではなく，二度とこのような悲しい思いをする人が生まれないように，その経験と教訓をなるべく多くの世界の人々に伝え，共有することも含む。今後も，積極的に成人教育の国際的文脈において，防災教育・学習・訓練の重要性を訴え，ネットワーク化を進めていくべきであろう。

註
1）UNESCO Institute for Lifelong Learning, *SUWON-OSAN CONFINTEA VI MID-TERM EVIEW STATEMENT The power of adult learning and education: A vision towards 2030*, 2018, p.8.
2）UNESCO Institute for Lifelong Learning, *CONFINTEA VI Belem Framework for Action*, 2010.
3）United Nations International Strategy for Disaster Reduction
（UNISDR）, *Hyogo Framework for Action 2005-2015: Building the Resilience of Nations and Communities to Disasters*, 2007.
4）UNISDR, *Sendai Framework for Disaster Risk Reduction 2015-2030*, 2015.
5）UNESCO, *Disaster Risk Reduction in Education*, UNESCO Bagnkok, 2011.
6）UNESCO, *Disaster Risk Reduction UNESCO's contribution to global challenge*, 2015.
7）野元弘幸「大船渡市赤崎地区公民館の避難・復旧経験に学ぶ」石井山竜平編『東日本大震災と社会教育　3・11語の世界にむきあう社会教育』国土社，2012年。

8) 野元弘幸「社会教育における防災教育研究の使命と課題」野元弘幸編著『社会教育における防災教育の展開』大学教育出版，2018年 pp.15-16。

9) 片田敏孝『人が死なない防災』集英社新書，2012年，p.94。

〔野元 弘幸〕

【学びのポイント】

・国際成人教育会議（CONFINTEA）における防災教育の位置づけは弱い。

・国連・ユネスコの防災教育は学校教育中心で成人教育の位置づけが弱い。

・東日本大震災では，地域で行う防災学習・教育が重要であることが明らかとなった。

・国際的に東日本大震災の教訓を共有することが重要。

・ICAE 国際成人教育協議会など国際的ネットワークでの交流や情報交換が重要。

日本における
外国人の学習支援の現状と課題

難民に対する日本語教育に焦点を当てて

◇◇◇

> **キーワード**：地域日本語教室，日本語教育推進法，難民，ファシリテーター，母語教育

● はじめに

　東京などの大都市ではコンビニエンスストアや居酒屋，ファストフードなどで多くの留学生アルバイターの姿を見かけることが増えてきたと感じている読者が多いのではないだろうか。また，若い読者なら小中学校時代，海外にルーツをもっているクラスメイトがいた人が少なくないものと思う。

　2018年12月末現在，日本国内の在留外国人数は，273万1093人で，総人口の約2.16％を占めている（法務省統計資料より[1]）。20年前の1998年は，約143万5000人であるから，20年で約2倍になったことがわかる。

　国籍・地域別割合を見ると，2006年までもっとも割合が高かったのは韓国・朝鮮であったが，2007年より中国が第一位となった。また，ここ数年で国籍・地域別割合に大きな変化が生じている。2018年末には，中国28.0％，韓国16.5％（「韓国」と「朝鮮」は別集計になった），ベトナム12.1％，フィリピン9.9％，ブラジル7.4％，ネパール3.3％となっている。昨今，ベトナム出身者，ネパール出身者の増加が顕著である。背景には，両国からの留学生と技能実習生が多くなっているためである。

　では，これらの外国人はどのような在留資格で滞在しているのだろうか。

在留資格は観光客などに与えられる「短期滞在」や「外交」,「公用」など在留外国人統計に含まれないものを除き，2019年6月現在，27の在留資格が存在する。2018年12月末現在の在留資格の内訳をみると，「永住者」が28.3%，「特別永住者」が11.8%で合わせて約40%が長期滞在者となっている。一方で，「留学」は12.3%で対前年比がプラス8.2%，「技能実習」は12.0%で対前年比がプラス19.7%と伸び率が高くなっている。2019年4月に施行された改正入管法（改正出入国管理及び難民認定法）を受けて，技能実習生の人数と割合が今後さらに増えていくことが予想される。

　このように，ますます多言語・多文化化しつつある日本社会において，在住外国人に対する日本語学習支援が喫緊の課題となっている。留学生以外の外国人が日本語を学ぶ場として，重要な役割を果たしているのが，地域における日本語教室である。本稿では，在住外国人の地域における日本語学習支援の現状と課題を概観するとともに，地域の日本語教室の中でも，特に難民に対する学習支援に焦点を当てて論じる。まず，1節では，地域における日本語教育が発展した背景及び現状について述べる。2節で日本における難民に対する日本語教育を概説し，3節では筆者が関わっている難民に対する日本語教室を事例として紹介する。4節で，本稿の総括を行う。

1 ● 地域における日本語教育の現状

(1) 地域の日本語教育の発展と施策

　地域日本語教育は社会の動向と連動して展開してきた。定住型と呼ばれるタイプの日本語学習者は，インドシナ難民や中国帰国者から始まった。前者に対しては，1979年，難民定住促進センターにおいて支援が始まり，後者に対する公的な受け入れ機関として，1984年に中国帰国孤児定着促進センターが開設された。その後，1990年の出入国管理および難民認定法改正に伴いブラジル出身者を中心とする日系人とその家族の入国が急激に増加した。こうして，成人世代に対する日本語教育だけではなく，子どもたちに対する日本語支援にも焦点が当たるようになった。

　こうした社会状況の変化は施策にも徐々に反映されていった。例えば，文

化庁は，1994〜2000年度に「地域日本語教育推進事業」，2001〜2003年度に「地域日本語教育活動の充実事業」，2006〜2008年度に「地域日本語教育支援事業」を立ち上げ，地域に重点をおいた日本語教育支援策を実施するようになった。また，多くの自治体において，国際化に向けた基本方針が立てられ，国際交流協会や日本語教室等が設立された。

　また，永住を前提とするニューカマーの増加につれて，在住外国人の日常生活を支える日本語教育を構築していくための概念として「生活者」という視点が生まれた。政策としては，2006年，内閣府により，「生活者としての外国人」に関する総合的対応策が示された。文化審議会国語分科会の日本語教育小委員会は，2010年に『「生活者としての外国人」に対する日本語教育の標準的なカリキュラム案について』を発表した。これらの施策には，外国人も地域で暮らす住民の一員であるというメッセージが込められている。

⑵　地域日本語教育の担い手

　文化庁が日本国内で実施した日本語教育に関する調査結果[2]によれば，2017年現在，日本語教師数は39588人で，内訳は，常勤講師が5115人（12.9％），非常勤講師が11833人（29.9％），ボランティアが22640人（57.2％）とボランティア教師の割合が多く，地域日本語教育はボランティア教師が支えていることがわかる。また，地域日本語教育を担っているのは，日本人支援者だけではない。文化庁の委託事業として，2007年度から2008年度にかけて「日本語能力を有する外国人を対象とした日本語指導者養成」および「日系人等を活用した日本語教室の設置運営」が実施され，地域日本語教育の現場で，支援する立場としての外国人が注目されるようになってきている。

　また近年，地域日本語教育を支えていく人材として，コーディネーターの役割が注目されるようになってきた。コーディネーターには，日本語運用能力・日本語教育に関する知識はもちろんのこと，関連領域の幅広い知識や企画能力，関係構築能力，柔軟性などが求められる。文化庁では2001年より，地域における日本語支援コーディネーターに対する研修が実施され，全国市町村国際文化研修所（JIAM）主催の「多文化共生マネージャー養成コース」，多文化社会専門職機構（TaSSK）により「多文化社会コーディネータ

ー」の認定事業が行われている。

⑶ 地域日本語教育の課題

　このように，地域における外国人の日本語学習支援については様々な施策
が積み重ねられ，担い手の養成に関する取り組みも進んでいるが，今なお外
国人に対する学習支援は十分であるとはいえない。前述した文化庁の調査に
よれば，日本国内には約24万人の日本語学習者が存在する。この調査は文化
庁が知り得た日本語教育を実施している機関を対象としたものであるので，
自学で日本語を学んでいる学習者は含まれないことになるが，学習者の割合
は，在住外国人の10％程度に留まっている。その中で留学生が占める割合は
63.0％であり留学生以外の外国人の多くは教室で学ぶ機会をもっていないこ
とになる。文化審議会国語分科会日本語教育小委員会（2015）によれば，
「日本語教室が開設されている市区町村は全体の３分の１程度に過ぎない。
日本語教育が実施されていない地方公共団体に居住している外国人の数は約
50万人に達しており，そういった地域に住んでいる外国人は日本語を学びた
いと思ったとしても近くに日本語教室がない状況」（p.3）である。また，同
委員会（2015）によれば，日本語教室が開かれている地域であっても，日本
語を学びたい全ての外国人が日本語教室に通っているわけではない。その理
由として，時間的な余裕がないことや，そもそも，日本語教室の開催日時な
どを知らないことが挙げられている。このように現状では，外国人が日本語
を学ぶという意味での学習権が十分には実現されておらず，さらなる学習支
援の枠組みづくりが必要である。

　2019年６月21日，「日本語教育推進法」が参院本会議で可決，成立した。
日本国内で暮らす外国人らへの日本語教育を推進することが国や自治体など
の責務となる。学校の児童生徒や留学生，各分野の技能実習生，難民など，
さまざまな立場の在留外国人に対し，本人の希望や状況に応じて日本語教育
を受ける機会を最大限確保するとの基本理念が掲げられている。こうした取
り組みがいかに機能していくかを社会として見守っていく必要があろう。

2 • 日本における難民に対する日本語教育

(1)　日本における難民受け入れの流れ

　1975年，日本に最初のインドシナ難民が到着した。インドシナ難民とはベトナム戦争により母国を脱出し難民となった人で，加えて，ラオス・カンボジアからの難民も含んでいる。1975年当時，難民条約未加入であった日本は，政治的措置としてインドシナ難民の一時滞在を認め，1979年，インドシナ難民の受け入れを閣議了解した。受け入れが終了した2005年末までに11,319人のインドシア難民が受け入れられた[3]。2008年には，第三国定住難民受け入れが閣議了解され，2010年から受け入れが始まった。第三国定住とは，すでに母国を逃れて難民となっているが，一次避難国では保護を受けられない人を他国（第三国）が受け入れる制度である。日本はミャンマーを脱出し，タイの難民キャンプに避難していたカレン民族の難民を対象に第三国定住を始めた。2018年までに44家族174人が受け入れられた[4]。

　その他，難民条約（1951年に国連で採択され，日本は1981年に加盟）で認められた条約難民は，「人種，宗教，国籍もしくは特定の社会的集団の構成員であることまたは政治的意見を理由に迫害を受けるおそれがあるという，十分に理由のある恐怖があるために国籍国の外にいる人で，国籍国の保護を受けられない人，または保護を望まない人」と定義される。日本が受け入れた条約難民は，2018年までに750人に過ぎないが，難民認定により「定住者」という在留資格を得ることができる。

(2)　難民に対する公的な日本語教育支援及び課題

　1975年に日本の最初のインドシナ難民が到着したのを受け，1979年に日本政府の委託により，難民事業本部（RHQ）が設立された。RHQ支援センターで，条約難民とその家族を対象とした定住促進業務が行われている。

　難民認定を受けた人々は，RHQ支援センターで，572時間の日本語教育と120時間の生活ガイダンスを受けることができる。同センターにおける日本語教育は「難民及びその家族が日本社会で自立した生活を営むために必要な

日本語力を身につけることを目的」としている[5]。572時間の日本語教育に関し，条約難民と第三国定住難民のクラスは別々に運営される。条約難民クラスの場合，日本ですでに何年も生活している人が多い。出身国，年齢や教育・社会経験なども多様である。第三国定住難民のクラス運営で難しい点は，教育をあまり受けた経験がない難民が存在し，母語での読み書きもあまりしたことがない，いわゆる非識字者も含まれるという点である。また，同センターでは，定住支援プログラム修了後も各種支援を行っている。例えば，難民とその支援者に対して行う日本語教育相談，日本語を学ぶための教材の提供[6]，日本語能力のモニタリングが実施されている。

　このように，RHQ 支援センターでは難民に対する学習支援がなされているが，難民認定を受けられなかった人々は，こうした学習支援を受けることができない。人道上の配慮を受け，在留特別許可[7]を得た人々もこうした公的な学習支援の対象外である。母国への帰国が困難な難民の場合，日本社会の中で生活の基盤を築いていくためにも日本語の習得が必須となる。難民を含む外国人に対し一方的に日本語を習得することを求めるのではなく，そうした人々に対し情報の多言語化やわかりやすい日本語での情報発信を行っていくことが重要であるが，それでもやはり日本語を学ぶ場は必要である。

3 • 難民に対する日本語教育の事例

　難民が日本語を学ぶ機会をなかなか得られない状況を何とか補おうと努めているのがボランティア団体や NPO が運営している教室である。本稿で以下，取り上げる KNEC（仮名）日本語活動もその一つである。

(1) 活動の概要

　ミャンマー（ビルマ）出身の難民であるアウンさん（仮名）がパートナーのピューさん（仮名）とともに立ち上げたのが KNEC（KN Education Center：仮名）である。KNEC は2014年6月に東京都豊島区のアパートの一室を借りて始まった。日本語教室（日本語活動），子どものための母語（ビルマ語）教室などを運営している。活動は，毎週日曜午前の2時間で，2019年

11月17日現在，活動回数は230回を数えている。

　参加者は，ミャンマー出身者，ファシリテーター３，４名に加え，筆者の所属大学の学生，日本語教育・多文化教育関係者である。ミャンマー出身者は全員が難民というわけではなく，難民認定が取れた人，難民認定はとれなかったものの在留特別許可によりある程度安定した在留資格を得られた人が存在している。筆者は勤務先で日本語教員養成課程の必修授業を担当しているが，その受講学生が代わる代わる活動に参加している。ファシリテーターは，筆者の他に，日本語教育専攻の現役大学院生，修了生などが務めている。

(2)　活動の基本的視点

　KNEC日本語活動では，学習とは個々の学習者が教室において教師からある知識を学ぶことであるという従来の学習観を採用していない。教室活動では，日本語ネイティブが教える立場，日本語非ネイティブが教えられる立場と役割が固定しがちである。筆者はできる限り，教える，教えられるという立場をずらしていきたいと考えている。先ほど教師ではなくファシリテーターという呼び方を使用したのは，この活動は教える人，学習を支援する人と学ぶ人，学習を支援される人というように参加者の役割を固定していないためである。すべての参加者が教え合い，学び合う活動をデザインしていくのがファシリテーターの役割となる。

　こうした教室活動の視点は，レイヴ＆ウェンガー（1993）が提示した状況的学習論という学習観に基づくもので，学習を，個人が知識を自身の頭の中に取り込んでいくプロセスとして見るのとは対照的に，「実践共同体への参加の度合いの増加」（p.25）とみなしている。そして，学習とは実践共同体の「十全的参加者になること」（p.29）であると捉えていく。このように，KNEC日本語活動においては，参加者の日本語能力にかかわらず全ての参加者ができる限り対等に対話することを促すことを主眼に置いている。

(3)　活動事例

　一つの活動事例（2014年の８月17日）のワークシートを示したい[8]。「権利の熱気球」と呼ばれる活動で，学校教育の中では人権教育などとして行わ

れることがあり，開発教育，参加型学習の文脈で紹介されることが多い。

【話しましょう・発表しましょう】

　みなさんは，いま，熱気球に乗っています。楽しく乗っていましたが，突然，下に落ち始めました。このままだととても危ないです。ですから，荷物を落す必要があります。どの荷物から落としますか。落とす順番をきめてください。最後に残す荷物はどれですか。グループで話しあって，後で発表してください。理由も説明してください。

〈荷物〉

(1) 毎日，十分な食事ができる権利

(2) 十分な教育をうける権利

(3) 自由に自分の意見や考えを言う権利

(4) ぜったいに戦争をしない権利

(5) お金がなくても病院に行ける権利

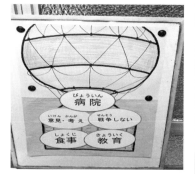

　この日の参加者は，ミャンマー出身者が9名，日本語教育が専門の大学教員とその指導学生，長年，難民支援に関わってきた方，ファシリテーター3名であった。参加者が4グループに分かれて「最後に残す荷物」を何にするか話し合った。「十分な教育を受ける権利」を残したグループが2組，「絶対に戦争しない権利」を残したグループが2組という結果になった。最後に残す権利を絞っていく過程で，様々な考え方が共有された。自身の意見を日本語で述べる者もいれば，ビルマ語で述べそれを日本語に通訳する場面もみられた。何語で意見を表明するかにかかわらず，参加者全員による意見の共有，学び合いがそこに生まれた。教室活動を社会参加のための準備ではなく，社会参加そのものであるという考えが具現化されているのである。

4・おわりに

　出国を強いられて日本に在住している難民は，母国の社会，政治的状況が

変化し，母国に戻る環境が整えば帰国するというほど単純にはいかない。例えば，日本在住のミャンマー出身の難民で家族滞在の場合，子どもたちの多くは日本で生まれ日本で公教育を受け育っている。生活で主要な言語は日本語であり，両親の母語であるビルマ語（ミャンマー語）で十全にコミュニケーションできる子どもは決して多くはない。こうした状況でミャンマーの社会，政治状況が変化したからといってすぐに一家で帰国するという選択をしている難民は少ない。

　子どもには日本語学習支援，教科学習支援も必要ではあるが母語教育の機会を保証することも大切になる。両親の日本語能力はまちまちである。子どもが学校からもらってくる各種お知らせを十分に理解できない両親も少なくない。こうした場合，何らかのサポートがなければ，子どもたちが遠足，部活動，修学旅行など日本の学校文化を両親にビルマ語で説明する必要が生じる。さらに思春期になり高校進学の相談など込み入ったやり取りをするときにも母語でも対話できれば家族内のコミュニケーションが円滑になる。また，よくあるケースであるが，海外にルーツをもつ子どもたちの中には，例えば，授業参観のとき両親がやって来て母語で話し掛けられるのを「恥ずかしいからやめて」と嫌がる子どもが少なくない。逆に「たどたどしい」日本語で話し掛けられるのも「恥ずかしい」と思う。「恥ずかしい」と思わせるのは日本社会の同化圧力の大きさともいえるが，両親の母語や母文化を尊重する気持ちを育むための学習機会を保障することもまた社会に求められる。

　ますます多文化する日本において，それぞれの参加者が教える側，教えられる側という固定された役割で実践に参加し続けるとすれば，それぞれの存在は永続的に「向こう側」にしか存在しない。全ての参加者が相互に学び合い，相互に高め合える場こそが，越境をもたらす接面として機能するのではないだろうか。

註
1）法務省
http://www.moj.go.jp/nyuukokukanri/kouhou/nyuukokukanri04_00081.html
（2019年6月13日検索）

2) 文化庁文化部国語課『平成29年度　国内の日本語教育の概要』
http://www.bunka.go.jp/tokei_hakusho_shuppan/tokeichosa/nihongokyoiku_jittai/h29/
pdf/r1396874_01.pdf　（2019年6月30日検索）。

3) 外務省　https://www.mofa.go.jp/mofaj/gaiko/nanmin/main3.html　（2019年6月13日
検索）。

4) 3）に同じ。

5) RHQ　http://www.rhq.gr.jp/japanese/know/rhq.htm　（2019年6月14日検索）

6) 筆者は文化庁の委託を受け，社会参加のための日本語通信講座を作成した。第三国定
住難民が6か月の日本語教育プログラムを修了した後も，定住先において継続的かつ自
律的に日常生活を送る上で必要となる読み書き能力を習得することを目的とする教材で
ありWeb上で公開されている。「社会参加のための日本語通信講座」を検索ワードに検
索すれば無料で入手できる。

7) 「在留特別許可」は，様々な事情で退去強制処分を受ける外国人に対し，法務大臣の自
由裁量によって特別に日本国内での在留を認める特例措置のことである。

8) 実際のワークシートでは漢字にカナが振られている。

【参考文献】
文化審議会国語分科会日本語教育小委員会『地域における日本語教育の実施体制について
中間まとめ（「論点7　日本語教育のボランティアについて」）』文化庁，2015年。
松尾慎「地域日本語教育を問いつづける」神吉宇一編『日本語教育　学のデザイン』凡人
社，pp.101-122，2015年。
松尾慎編『多文化共生　人が変わる　社会を変える』凡人社，2018年。
レイヴ，ジーン＆ウェンガー，エティエンヌ（佐伯胖訳）『状況に埋め込まれた学習』東
京図書，1993年。

〔松尾　　慎〕

【学びのポイント】
・日本国内の在留外国人数は年々増加しており，外国人に向けた学習機会の提供や学習支援の場作りが求められている。
・在留外国人が日本語を学ぶ地域の日本語教室はボランティアによって支えられているが，学習機会を得られない外国人住民が少なくない。
・地域の日本語教室では「教師」，「学習者」という固定化された関係ではなく地域を支える住民同士として対等な学び合いが生まれる活動のデザインが必要である。

第 Ⅳ 部

CONFINTEA Ⅶに向けて

市民社会から第6回国際成人教育会議・中間総括会議への問題提起

市民社会フォーラム「教育2030：公約を現実に（from commitment to action）」に参加して

◇◇

キーワード：CSO，アドボカシー

　市民社会組織（Civil Society Organization：CSO）とは，日本では慣じみのない言葉だと思うが，NGO や NPO と言われるような市民活動団体を意味する。

　その CSO の国際的存在感が増す中で，政府要人や職階の高い官僚しか参加できない国際会議に合わせ，CSO 自らが会議やイベントを催し，本会議に影響を与えていく動向が主流になっている。大規模なものとして，2012年「リオ＋20」の際のピープルズサミットの様子は，参加者らの SNS やウェブ媒体を通じた発信によって生き生きと報告されたことが記憶に新しい。また，2019年に大阪で開催された G20（首脳サミット）に際しても，C20（Civil20）が組織され，会議を催しながら，G20政策提言を行った。

　本会議に CSO が出席できない場合が多い中で，MTR は政府関係者と CSO が一堂に会した意味で「開かれた」会議であった。また，CSO からの代表者が報告発表の壇上に何人も上がり，発言の機会があった。ICAE（国際成人教育協議会）は CONFINTEA にアドボカシーをしていく CSO として1973年に組織されたわけだが，中間総括会議では，その ICAE のアレンジメントによって，本会議に先立つプレ会議「市民社会フォーラム」が本会議会場ホテルにて開催された。CSO が本会議での存在感をアピールし，政

表12-1　市民社会フォーラム「教育2030：公約を現実に」のプログラム

9:30-10:00	挨拶・導入 Alan Tucket-ICAE（国際成人教育協議会） Nani Zulminarni-ASPBAE（アジア太平洋基礎・成人教育協議会） Kwak Nohyun-CIATE（教育を通じた社会変革のための市民同盟） Kabir Shaikh-UIL（ユネスコ生涯学習研究所）
10:00-10:30	ICAE からの基調講演 Katarina Popovic- ICAE 会長
10:30-12:00	地域ごとの成人学習・教育 - ベレン行動枠組み実行の過程評価 アフリカ，アラブ地域，アジア太平洋，北米とヨーロッパ，中南米
12:00-13:00	昼食
13:00-15:00	地域ごとの報告意見交換 ユネスコの成人学習・教育の勧告に関する討議 ・識字と基礎教育 ・専門性開発と職業スキル ・リベラル・民衆・コミュニティ教育とアクティブシチズンシップのスキル
15:00-15:30	休憩
15:30-16:30	CONFINTEA VI MTR へのステートメント（声明文）づくり
16:30-17:30	まとめ

府関係者や意思決定者たちに力強くアドボカシーをすることの戦略化を目的
とした会議であった。参加者はおよそ80名であった。

　最初に，4名のオープニングスピーチがあった。元 ICAE 代表である Alan
Tucket 氏から，「ウェルビーング（wellbeing）のために教育は欠かせない
にも関わらず，目覚ましい進化はみられていない中で，本会議の3日間で私
たちが何を求めるのかを今日は明らかにする日である」という言葉によって
皮切られた。アジアの成人教育 CSO 代表でインドネシアのアチェで女性の
教育支援をする Nani Zulminari 氏は，中間総括会議としての評価は，「でき
たことを評価するだけではなく，直面している問題をきちんと見ていくべき
だ」と話し，そして，韓国で民主主義市民教育やグローバル教育に取り組む
Kwak Nohyun 氏からは「民主主義は不可欠な要素である。いかなる成人学
習・教育も発展させなければならない。民主的市民教育グループをより弱め
るのではなく，強化し踊らせて（dancing）いきたい」と挨拶された。

Kabir Shaikh 氏は，ノンフォーマル教育には大きな可能性があり，ユネスコはノンフォーマル教育セクターとのパートナーシップを組もうとしてきた経緯から，ICAE は強力なパートナーであり，重要な役割があるとした。また，動員のための教育ではなく，教育と民主主義の関係を理解し，人々がそこに参加するようにすることが大切であると話した。

　続いた ICAE 現会長である Katorina Provovik 氏の挨拶は力強いものであった。まず，「行動に向けたベレンフレーム・ワーク」（以下，ベレン行動枠組み）は，「論理ではなく行動を」[1] が掲げられたが，明確な成人教育の財政的ターゲットを設けなかったことが指摘された。そして，世界がより不平等になっている現実，ネオリベラリズム[2] が幅を利かせ，気候変動の問題や紛争が激化し，ポピュリズム[3] やナショナリズム[4] が台頭し，人種差別の機運が高まっていることをふまえ，「教育は多くの人にとって現実的なものにはなっていない」とした。また，全ての人が教育への権利を有しているにも関わらず，SDG 4では，成人教育の要素がほとんど見られず，生涯学習の概念の中に埋もれ，多くの脆弱な立場にある人々がさらに無視，または周辺化されていること，そうした人々に財政投入されていないことを指摘した。成人教育はいつでも重視されない危機にあるが，「私たちはベレン行動枠組みの進展を見極め，市民社会組織の成果を祝福し，お互いの多様な経験から学ぶことで強い連帯をつくっていきましょう」と述べた。そして，教育や学習はすべての人の基本的人権であり，教育的，社会的，経済的，環境的正義や民主的参加，市民的価値を促進し，不公正の広がりを減らしていくのに鍵となる公益的なものであることをふまえ，市民社会組織としての主張の観点を以下の6点にまとめて示した。

1　SDGs において，成人学習と教育は生涯学習に統合されてしまったが，もっと成人学習と教育の位置付けを確かなものにし周知すべきであった。
2　私たちは，成人教育の統合的，ホリスティックなアプローチを求めている。フォーマル，ノンフォーマル，インフォーマル教育の全ての場を包括すること。基礎教育やスキル研修，ディーセントワーク，社会的・個人的

な発達と連動し，世界で働くことや社会の日常生活を送るための力量形成をし，ESD，GCE を含めていくことである。

3　グローバルアジェンダに必要な活動や計画，実行をするためには，成人教育に適切な資金をあてていくことが必要であり，現在の資金調達のメカニズムや戦略は見直さなければいけない。

4　成人教育において広がっていくプライバタイゼーションと消費主義を私たちは警告する。

5　識字はまだまだ中心課題である！　グローバルアジェンダに識字を再度位置づけなければならず，十分な資金支援が必要である。

6　市民組織は，実行主体としてだけではなく，政策づくり，計画，モニタリングや評価をするパートナーとして認識されるべきである。

最後に，元 ASPBAE 代表である Robbie Guevara 氏からは，「私たちの MTR でのアドボカシーの鍵となる言葉やフレーズは何でしょうか」という問いが出され，Mentimeter というその場での投票結果を反映するシステムを利用し，会場で参加者が投票をした。結果，「質」が最も多く，「財政」「多様性」「承認・認識」と続いた。

写真：投影された Mentimeter の投票結果
（筆者撮影）

その後，地域ごとに分かれてベレン行動枠組みの実行評価の時間となった。アジア太平洋チームでは，ベレン行動枠組みの五つのキーワードごとに分かれてグループワークを行った。各キーワード，「達成したことと

写真：話し合う参加者（筆者撮影）

課題」「有効化させるもの」「未来への提言」の三つの論点で意見出しを行い，筆者は「政策（policy）」と「財政（financing）」のグループに参加した。

（政策グループで出された意見抜粋）
・政策決定者の意識向上はみられるが，識字やスキルに特化していた。
・政策実行者に実行し続けるよう後押しし続けることが必要。
・2030の SDG 4が有効である。国際的アジェンダも大事な役割を果たす。
・識字やスキルの評価方法は比較的測りやすいが，それ以外の成人教育・学習の成果を評価する方法の創出は難しい。

（財政グループで出された意見抜粋）
・行政資金は十分ではない。識字やスキル以外の領域にも出資してほしい。
・成人教育・学習の成果の利益が理解されないまま，資金を削られてきている。
・ローカルレベルにもっと資金を下ろしていくべき。
・アカウンタビリティも要求する。
・国の収入の2パーセントの資金 は成人教育・学習にあてるべき。

写真：財政グループで作業をした模造紙
（筆者撮影）

　その後，ASPBAE 事務局長 の Maria Khan 氏のファシリテーションのもと，全体で CSO ステートメントづくりを行った。このステートメントとは，本会議中に広めたり，議論すべき論点をとりまとめたものである。案を基に出されたコメントの一部は以下である。

・識字は世界を読むこと。従来の文字を教える識字教育とは異なる新しいア

プローチを。
・成人教育・学習への公共の責任を強調するべき。
・CSO だけでなく，学習者も意思決定に加えるべき。
・教育部局だけではなく，他の部局にも責任をもってもらう。インターセクトを強調する。
・学校を改革する→成人教育を周辺化させない。

写真：急遽設置された意見ボックス
（筆者撮影）

　そして，議論に加えて追記したい場合は，会場入り口の受付に急遽ティッシュ箱で設置されたボックスに投じることとなった。

　会議の最後には，本会議において政府代表は誰かを確認すること，会議でどのテーブルに分かれても，必ず意見を発しなければならないこと，2日目に会議の成果文書ドラフト（宣言文草案）が出されるが，CSO のステートメントを手渡すだけでは不十分であり，本会議の全体会や各分科会にて発言しアドボカシーをしていくことが確認された。

　本会議に対して市民社会組織の意向を反映していく準備として，プレ会議で議論し，文書化し，本会議に反映していくプロセスをこのプレ会議への参加を通して体感した。実際本会議では，CSO メンバー達は折に触れてフロアから発言しており，また本会議プログラムにも登壇した。本会議プログラムに CSO の立場の人のスペースを得ていったのは，こうした戦略会議と実行の積み重ねなのだと思った。

　筆者はこれまで，ICAE や ASPBAE の会議やイベントに参加してきたが，本会議に向けた戦略会議に参加したのは初めてだった。それまでに出会ってきた各国の CSO に尽力する友人たちとの再会も嬉しかった。また特に中南米グループの作業に対する取り組み方が非常に熱心であることに圧倒された。本会議でのフロアからの発言も積極的で，本会議の合間にプレ会議で作成されたステートメントを片手にミーティングを繰り返していた。「民衆教育」

「批判的になる」という言葉が頻繁に繰り返され，ブラジルの識字教育実践家であるパウロ・フレイレの活動ルーツが強くあるように感じた。今回の会議場所が韓国という距離の問題から，アフリカからの参加者が少なかったことが残念である。プレ会議にはほとんどおらず，本会議でもアフリカからは政府関係者ばかりであった。韓国への距離があるため渡航費の財政的サポートの有無は影響したと思われる。

　CSO の声を，政策的中心部に届けていくプロセスの多大なる努力の積み重ねを今回さらに実感した。

註
1) "From rhetoric to action" が，ベレン行動枠組みが採択された際のスローガンであった。
2) 新自由主義。規制の最小化と自由競争を重んじる考え方。
3) 政治に関して情緒や感情によって態度を決める大衆を重んじ，その支持を求める手法や大衆の基盤に立つ運動のこと。大衆迎合主義。
4) 国家や民族の統一，独立，発展をめざす思想，運動。ここでは他のものより国家を優先させる思想・運動の意味合いで用いられている。

〔近藤　牧子〕

おわりに
――「成人学習の力：2030年に向けて」

　本書を締めくくるに際し，刊行に至るまでの経緯について述べさせていただきたい。冒頭でも述べたとおり，2017年10月に韓国のスウォン（水原）で開催された「第6回国際成人教育会議中間総括会議（CONFINTEA Ⅵ Mid-Term Review Conference）」に参加する機会を得たことが発端となっている。スウォン会議は，「成人学習の力：2030年のビジョン」というテーマの下で，社会教育，成人教育に携わる政府関係者や国際的なネットワークの下で活動を展開している市民組織が集い，2009年12月にブラジルのベレンで開催された第6回国際成人教育会議以降，取り組まれてきた成果を踏まえて今後の成人学習・教育の課題について議論が活発に交わされた。編者らは，成人の教育活動を各国における政策として位置づけていこうとする参加者らの情熱的な姿勢に半ば圧倒されながらも，それぞれに想いを抱きながら帰国することとなった。

　その想いなるもとのは，少なくとも筆者においては，まず第一に，各国における成人の学習，教育活動の展開の如何により，人々のライフスタイルや働き方など，人間の暮らしを支える重要な枠組みを見直していくことが喫緊の課題として問われていることに対し，危機感を覚えたことである。第二に，国際的な枠組みで語られる成人教育の課題について，日本社会の文脈においてはどのように捉えることができるのか，改めてこれまでの日本における成人教育の課題や実践について捉え直す必要性があるのではないかと気づいたことである。第三には，日本社会における成人教育について，私達はどのように展開していくことができるのかというある種の不安を抱いたことである。それは，かねてから指摘されてきているように，日本における成人教育の位置づけや政策面における扱われ方等，その重要性について深く検討されたことはどれだけあったのだろうか，という現状に対する問いであった。

　実のところ，国際成人教育会議では事前に参加国の成人教育の実態に関するナショナル・レポートの提出が求められていた。しかし，日本政府からの

回答は日本の成人教育の現状を表すものではなかった。成人教育に関わる予算や学習者数などの基礎的なデータでさえ，未だ不明確な状態にあり，特に，成人の基礎教育への対応については，実態調査も行われておらず，基礎教育を必要としている人は存在しないかのように扱われている。

　帰国後，編者らは同会議における議論の成果を日本社会においても広く提示することの意義を確認し合い，国際成人教育会議のこれまでの経緯や成人教育を展開するための多様な実践，また，実践のための社会背景等をも整理してはどうだろうかという運びになった。そして，2030年に向けた持続可能な開発目標（SDGs）における課題や問題について検討し，成人教育の国際的潮流を広く示すとともに，日本社会が現在抱えている課題についても具体的に示すこととした。しかし，議論を重ねる中で新たに気づいたことがあった。一つには，国際社会で求められる課題を日本社会の現状に照らし合わせた際，どのように位置づけることができるだろうかということであった。具体的に，日本の社会教育，成人教育の現状と課題について，より掘り下げて考えていく必要があるのではないかと再確認することになった。二つには，スウォンでの中間統括会議に参加したメンバー間では共通する論点が見出させたとしても，想像以上に議論の輪が広がってはいかないもどかしさを痛感したことである。そして，国際成人教育会議（CONFINTEA）の存在や活動それ自体について，残念ながらあまり知られてはいないという現状に気づくことになった。そのため，本書のもうひとつのねらいとして，生涯学習や成人教育，社会教育関連について学ぶ大学生や，市民団体の実践家など，さらには，成人教育の役割や課題等についてあまり馴染みの無い一般の方々にも広く成人教育の意義を提示することを検討し，書籍として刊行することとなった次第である。

本書で提示したこと

　本書は大きく4部構成とし，成人教育のグローバルな展開として，国際成人教育会議における課題や動向を整理しつつ，日本社会における社会教育，成人教育の現代的課題をも確認するものである。ここで，本書で提示した項目について，再度，ふり返り確認しておきたい。

今日の成人教育の課題でもある SDGs（持続可能な開発のための目標）について，Education 2030に向けた様々な実践が展開されている中，第Ⅰ部ではあえて教育の機会を保障する上で大前提となる EFA 宣言（1990）まで遡ることにした。そして，SDGs と成人教育の関係性，続いて，国際成人教育会議やグローバル・レポートについて説明し，論点を整理した。時系列で説明したこともあり，若い現役の学生にとっては昔の出来事と受け止められてしまうかもしれないが，続く第Ⅱ部において SDGs の第4目標である教育の「質」について踏み込んでいくためにも，第Ⅰ部は必要であった。第Ⅱ部における SDG 4「教育の質」をめぐっては，様々なところで議論され，多様な実践が展開されているが，その具体的な課題を確認するとともに，成人における基礎教育の保障や職業訓練，専門能力の開発における現代的課題へと論を展開し，生涯学習政策の課題として提起した。これらを受けて，第Ⅲ部では日本社会の枠組みでは社会教育，成人教育はどのように位置づけられ，また，何が課題となっているのかについて検討した。

　その結果，まず，日本社会における社会教育の現状と課題について，その仕組みや実践における学習活動の社会的な効果について確認し，次に，少子高齢化が加速する今日，超高齢社会における社会教育の課題についても真正面から問題提起を行った。続いて，だれもが読み書き能力を備えていると考えられている日本社会においても義務教育未修了者が存在し，成人の学び直しの機会が強く求められていることを示した。さらに，日本は大災害を経験した国として，防災について学び，実践し，次世代へも継承していくことが不可欠である。成人教育における防災教育の展開について課題を提示した。最後に，今日，急増する外国人や外国につながる子どもへの教育支援についても不可避の課題として提示した。これら第Ⅲ部にて扱った課題は，まさにEducation 2030に向けた緊急課題としても位置づけられよう。

　第Ⅳ部では，生涯学習社会を構築していくための市民組織の役割と課題を提示した報告である。スウォンでの中間総括会議にてプレイベントとして開催された ICAE（国際成人教育協議会）主催による市民社会フォーラムに参加した近藤牧子氏によりまとめられたものである。国際会議と聞けば，政治家や政府高官による高い次元のお話であるように考えられてしまう傾向があ

るが，ここでは，市民社会組織（CSO）が国際会議に合わせて自主的にイベントを企画，開催し，本会議に影響を与えていく様相について紹介されている。プログラムや写真，グループにより議論された様子が丁寧に報告されており，説得力がある。政府関係者による事務レベルの形式的な国際会議にとどまらず，市民によるローカルなレベルの意見をいかに会議に反映させていくことができるのかが，差し迫る第7回国際成人教育会議を成功させる課題でもある。

本書をまとめるにあたって

本書をまとめるに際し，構成段階から議論を重ねてきたことがある。それは，成人教育のグローバルな展開について，第Ⅰ部，第Ⅱ部を中心に，その経緯を整理することだけではなく，日本社会の文脈における今日の課題についても検討する必要があったからである。成人教育の領域に限ったことではないが，国際的な舞台で語られる課題や目標に注目するあまり，日本社会の現状にそぐわない点が浮き彫りになってしまうことはないだろうか。スウォンでの中間総括会議においても同様であり，グローバルな視点で物事を議論する中で，ややもすれば，身近にある問題を見過ごしてしまいかねない。私たち一人ひとりが，自分たちの暮らす日本社会の文脈に置き換えて課題を捉え直していくことが，まさに生涯学習の今日的な課題に他ならない。

しかし，とりわけ，第Ⅲ部については，企画の段階から変更点が多く，執筆作業に取り掛かってからも，急遽，構成を抜本的に改めざるを得ない状況になってしまった。そのため，執筆陣についても大きく変更を余儀なくせざるを得なかった。困惑しながらも限られた時間の中で何とかまとめなければならないという責任から，手分けして突発的に原稿を依頼する事態になってしまった。編者らの急な依頼にも関わらず，協力をいただいた田中雅文氏（第Ⅲ部第7章担当），久保田治助氏（第Ⅲ部第8章担当），松尾慎氏（第Ⅲ部第11章担当）の各氏には，この場を借りて改めて御礼申し上げたい。力強いサポートにより，本書に勢いとエネルギーを取り戻すことができた。もっとも，読者からは日本社会における課題はこの限りではないとする声が聞こえてきそうである。しかし，ここで取り上げた項目を素材に，広く議論を展

開してくことができれば幸いである。

最後に……

　繰り返しになるが，本書の意図するところは今日の生涯学習のグローバルな展開について，成人教育の動向や現代的課題を踏まえつつ，それらの課題を日本社会の文脈においてとらえ直し検討することであった。英語で書かれたグローバル・レポートを目で追いながら，日本社会における課題を頭の中で描き，具体的に文字にする作業は，時に，上手く表現することができずに混乱をきたすこともあった。そのため，キーワードや用語解説により，読者に分かりやすく提示することに努めた。また，各章ごとに「学びのポイント」として，各章における課題をふりかえり，確認を促すように編集した。さらに，巻末資料として，目標や宣言文と日本語表記で提示した。年表においては，本書の企画段階に参加していただいた谷和明氏（東京外国語大学名誉教授）による提案，協力を得たことも記しておきたい。

　本書をまとめようと企画提案を行ったのは，2017年10月，韓国スウォンでの中間総括会議から帰国後のことである。企画段階から構成や執筆陣など大幅に変更を繰り返す中，気がつけば2年が過ぎてしまった。不安定な低空飛行のせいか何度も方向性を見失い，いつ不時着してもおかしくなかった筆者にとって，もう一人の編者である近藤牧子氏との度重なる意見交換が救いとなり，何とか進展させていくことができた。氏の粘り強い伴走がなければ，本書は決して形になることはなかったといえる。共同制作としてまとめ上げることができたことに，心から感謝の意を表するとともに，スウォン中間総括会議のテーマであった「成人学習の力（Power of Adult Learning）」の意義をかみしめることとなった。最後に，出版事情が厳しい今日において企画段階からご協力いただいた東洋館出版社には，心より御礼申し上げたい。

2019年12月

編者を代表して　　長岡　智寿子

巻末資料

資料1：用語解説一覧

第Ⅰ部
第1章
〈EFA（Education for All）；拡大された基礎教育の機会〉

　教育は，すべての人に提供されなければならないことを，155か国，160の政府，非政府，国連機関の代表者が1990年3月，タイのジョムティエン（Jomtien）にて開催された「万人のための世界会議（EFA：Education for All)」にて会合し，基本学習ニーズを満たすために話し合った。そして，EFA行動枠組（the Jomtien Framework for Action）を採択した。教育が基本的な人権であるという概念を再確認するものであり，青少年，子ども，おとなの基本的な学習ニーズを満たすための目標と戦略であった。今では，EFA運動として，各国において様々な形で展開されている。EFA（Education for All）の概念について問われると，基礎教育の普及として，初等教育の普及と読み書きの学習である識字教育が中心に語られることが多い。しかし，EFAの概念には，年齢に関係なく，基礎教育の機会を逸してきた人々が学ぶ機会を取り戻していくことも含まれており，まさに「拡大された基礎教育の機会」として，生涯学習を展開していくことに他ならない。

〈Education 2030〉

　Education 2030アジェンダは，すべての人々の基礎教育へのアクセスを確保するための教育運動の世界的なコミットメントである。「持続可能な開発のための2030」アジェンダの重要な部分であり，その達成に向けて，Education 2030年の仁川宣言と行動枠組みにより，概説するものである。Education 2030は，就学前から初等，中等，専門，技術，職業訓練等のすべてのレベルにおける包摂的で公正な質の高い教育を提供することを求める。性，年齢，人種，民族に関係なくすべての人々が，また障害者，移民，先住民，子供，青年，弱い立場にある人々が社会への十全な参加の機会を確保するために必要とされる技能や知識を獲得するめの生涯学習の機会を有するべきであるとしている。

第2章
〈MDGs: Millennium Development Goals〉

　2000年9月にアメリカ・ニューヨーク国連本部で「国連ミレニアム総会」が開催され（189カ国の政府首脳が参加)，「国連ミレニアム宣言」と併せて採択された2015年までの開発達成目標である。「国連ミレニアム宣言」は平和で繁栄した公正な世界の実現，国際協力，グローバル化による富の公正な分配が求められた。この目標は，国連，経済協力開発機構（OECD)，国際通貨基金（IMF)，世界銀行によって1990年代に策定された国際開発目標が，この総会で拡充し統合された目標であった。また，国際的な目標とその達成年限を合意したという点で，画期的な達成目標であった。

8つの目標：
目標1：極度の貧困と飢餓の撲滅
目標2：初等教育の完全普及
目標3：ジェンダーの平等・女性のエンパワーメントの達成
目標4：こどもの死亡率削減
目標5：妊産婦の健康の改善
目標6：HIV/AIDS・マラリアなどの疾病の蔓延防止
目標7：持続可能な環境づくり
目標8：グローバルな開発パートナーシップの構築（援助，貿易，債務)」

〈地球サミット〉

　1992年ブラジルのリオデジャネイロで開催された「国連環境開発会議」の略称である。世界約180カ国の政府代表，国連や世界銀行などの国際機関やNGO が参加し，「持続可能な開発」とそれを実現するための国際協力の方策が討議された。人類の開発と環境の調和を求めた「環境と開発に関するリオ宣言」が採択され，21世紀に向けた行動計画である「アジェンダ21」が合意された。また，地球温暖化防止のための気候変動枠組条約，生物多様性条約，森林保全等に関する原則声明などが合意された。

第3章
〈成人学習・教育に関するグルーバル・レポート〉
（GRALE, Global Report on Adult Learning and Education）

　ユネスコによる報告書のひとつで，成人の学習・教育に関する明快で包括

的な理解を示すために，ユネスコの加盟国が国際的な成人学習・教育のための覚書を実行に移しているか否かを勧告するものである。
(http://uil.unesco.org/adult-education/global-report, 2019/9/9)

〈行動のためのベレン・フレームワーク〉
(BFA, The Belém Framework for Action)
　2009年の第六回国際成人教育会議で採択されたもので，5つの優先的な行動分野（政策，ガバナンス，財政，参加・包括・公正，質）の発展を提示している。
(http://uil.unesco.org/adult-education/confintea/global-commitment, 2019/9/9)

〈識字〉(literacy)
　識字とは狭い意味では文字の読み書きと計算ができる能力を指し，ユネスコの定義では「日常生活で用いられる簡単で短い文章を理解して読み書きできること」である。世界には，貧困，差別，紛争などさまざまな理由で，学ぶ意思があっても教育を受けられない人びとがたくさん存在する。その結果として文字の読み書きや計算ができない状態にある人びとのことを「非識字者」，「非識字状態にある人」と言っている。
(https://www.accu.or.jp/jp/activity/education/02-01d.html, 2019/9/9)

〈ガバナンス〉(governance)
　統治，統治能力。
　東京大学政策ビジョン研究センターでは，「単一の主体としての政府が強制力を持って一元的秩序を維持しているガバメントにたいして，分散的に資源を保有する社会の様々な主体が相互作用を行いつつ構築する秩序をガバナンスと呼ぶ」と定義している。
(https://pari.ifi.u-tokyo.ac.jp/publications/words/words_k/k_14.html, 2019/9/9)

〈ウェルビーイング〉(well-being)
　1946年の世界保健機関（WHO）憲章草案において，「健康」を定義する記述の中で「良好な状態（well-being）として用いられた用語で，「個人の権利

や自己実現が保障され，身体的，精神的，社会的に良好な状態にあることを意味する概念」である（藤村担当箇所9頁参照）。またアメリカのCDC（疾病予防管理センター）では，「ウェルビーイングとは，人々や社会の多くのセクターにとって意味のある成果であり，人々の生活が良好であることを示すものである」と定義している。
(https://www.cdc.gov/hrqol/wellbeing.htm, 2019/9/9)

第II部
第4章
〈モニタリング〉

状態を把握するために，観測や測定，調査などを行い監視することである。SDGsが合意されたことによって，その具体的達成に向けて取り組みが進んでいることを評価し，約束を果たしているのかを「監視する」意味がある。デク収集が公正に行われているかという点も含めて評価をし，モニタリングをしていくというプロセスがSDGs達成には欠かせない。

〈成人教育者の資格〉

成人教育者の認定制度状況は国によって多様である。日本では，社会教育主事資格が成人教育者の資格に該当するといえ，資格習得には大学が設置する成人教育に関する科目単位を取得しなければならない。また学芸員や司書資格も，「生涯学習概論」科目の履修は必須である。しかし，社会教育主事は任用資格という，公務員が特定の業務に任用されるときに必要となる資格であり，資格取得をして職業や職位として公称できるものではない。

〈指定管理制度〉

地方自治体が所管する公の施設の管理や運営を，民間事業会社を含む法人やその他の団体に委託することができる制度である。公的施設管理は，それまで公共的団体に限定されていたが，2003年の地方自治法244条の2の改正によって，「法人その他の団体」に委ねることが可能になった。

第5章
〈成人の識字教育〉（Adult Literacy Program）

日常生活における簡単な文字の読み書き，計算を学ぶ学習を意味する。開

発途上国では，貧困や社会文化的な要因から，幼少期に基礎学習の機会を逸してきた人が多い。そのような非識字状態にある人々の3分の2は女性である。成人女性の識字学習は子どもを対象にした学習活動とは異なり，生活に必要な文字の読み書き学習の他，生活を向上させるスキルや知識について学ぶ機会でもある。成人女性を対象にした識字教育は，日本社会においても取り組まれており，これまで被差別部落に暮らす人々や在日の外国人を対象にした識字教育の豊かな実践記録がある。文字を奪われてきた人々が自ら文字を奪い返す学習活動として，人権教育としても意義深いといえる。

第6章
〈労働世界の変容〉

一般に，技術革新やそれに伴う生産様式の変化とそれらが労働者の労働の形態や生産関係にもたらす変化を言う。分業とオートメーションによる自動車の大量生産を可能にしたフォード・システムが労働の質と生産関係に劇的な変化をもたらしたことは知られる。現在，最も大きな影響を与えているのが，ロボットやAI（人工知能）の労働現場への導入による変化で，多くの職場で労働者にロボットやAIが取って代わられている。一方，グローバリゼーションの進展により，国際的な労働分業や労働者の国際的移動が進んでいて，先進資本主義諸国で多くの移民労働者が単純労働者として働いている。

〈労働市場〉

資本主義経済においては，生産手段を持たない労働者は，雇用主と労働契約を結び，自らの労働力を売って賃金を得て生活することとなる。その際に，生活するに足り，あるいはより高い賃金を得るためには，自らの労働力の価値を高めて高く売ることが求められる。労働市場とは，そうした労働者の労働の売り買いの場である。職業技術教育・訓練が充実していても，そこで学んだことが労働市場で評価され，雇用や就職に結びついていかないと，職業技術教育・訓練を受ける意欲が上がらない。したがって，職業技術教育・訓練は，労働市場との関係でその有効性が常に問われることとなる。

〈ユネスコ「職業技術教育・訓練に関する勧告」〉

2015年11月13日，ユネスコ第38回総会で採択された勧告。目的として，1）個人に能力を与え，雇用，適切な仕事及び生涯学習を促進する，2）包摂的か

つ持続可能な経済成長を促進する，3）社会的公平を促進する，4）環境の持続可能性を促進することの4つがあげられている。加盟国には，雇用や経済，環境保護など幅広い分野と連携し，すべての青少年・成人が労働に関連する知識・技能を習得すると当時に，労働市場や社会生活に結びつく教育・訓練を提供することを求めている。また，職業技術教育・訓練の普及のために識字や計算能力の開発など質の高い基礎教育を保障し，ジェンダー問題や障がい者，移民，少数民族など弱い立場にある集団にも目を向けることを求めている。

〈職業技術教育・訓練におけるジェンダー問題〉

　職業技術教育・訓練を受ける人を性差で見ると，男性が圧倒的に多く，女性に平等に機会が提供されていない。また，提供される教育・訓練の内容では，女性の場合，料理や縫製など家事労働に関連するものが多く，ここでもジェンダー問題が見られる。2015年にユネスコ総会で採択された「職業技術教育・訓練に関する勧告」では，職業技術教育・訓練の実施機関，事業，教育課程，教材などすべてが，ジェンダーバイアスからフリーとならなくてはならないと規定している。また，職業技術教育・訓練に携わるスタッフにも，ジェンダー平等に自覚的となるような研修を行うことを義務づけている。

〈労働世界で弱い立場にあるグループ〉

　労働世界で弱い立場にあるグループとして，女性，障がい者，先住民族，少数民族，遊牧民，社会的に排除された集団，移民労働者，難民，被災者，ホームレス，失業者などがあげられる。これらのグループは，雇用で差別されて平等にその知識や技能が評価されなかったり，弱い立場であるために労働者としての諸権利を主張できず，低賃金・賃金未払いや奴隷状態に近い形で働かされる人もいる。こうした弱い立場にある人々に対する職業技術教育・訓練はとりわけ重視されなくてはならないし，差別や搾取などに対する認識を深める教育・学習内容を伴うものでなくてはならない。

〈外国人労働者をめぐる職業技術教育・訓練〉

　外国人労働者や移民労働者にとって，最も重要な職業技術教育・訓練は労働・生活で必要となる言語学習と労働衛生・安全にかかわる学習である。外国人労働者は，ホスト国の労働市場において底辺労働を担わされ，固定化さ

れる傾向にあるため，そうならないためにも職業技術教育・訓練が必要である。

　外国人労働者や移民労働者であっても，一人の労働者として自らの関心に従い能力を開発して，他の職業に就くための，職業技術教育・訓練が重要である。

第Ⅲ部
第7章
〈社会教育法〉

　社会教育に関する基本的な事項を規定した法律であり，1949年に公布施行された。社会教育の定義や国及び地方公共団体の任務などに関する総則のほか，社会教育主事，社会教育関係団体，社会教育委員，公民館，学校施設の利用，通信教育などを規定する条文から構成されている。

〈公民館〉

　地域における社会教育の拠点施設であり，1946年7月の文部次官通牒「公民館の設置運営について」を契機に全国に設置されることとなった。社会教育法では，全57条のうち約4割にあたる23条が公民館の規定に充てられており，公民館への期待の高さが表れている。

〈地域学校協働活動〉

　学校と地域との連携・協力により，地域の将来を担う人材の育成，地域住民のつながりの深化，自立した地域社会の基盤・活性化を図るという考え方である。社会教育法では，地域学校協働活動の推進（第5条第2項）と，地域学校協働活動推進員の委嘱（第9条の7）が規定されている。

〈ネットワーク型行政〉

　1998年の生涯学習審議会答申「社会の変化に対応した今後の社会教育行政の在り方について」が提案したもので，社会教育行政が行政内外の学習関連組織・施設と連携し，学習支援の総合的なネットワークを形成することである。

〈NPO〉

nonprofit organization の略号で，民間の非営利組織を意味する。このうち，特定非営利活動促進法で規定された法人が特定非営利活動法人（通称：NPO法人）である。類似の用語として，政府・行政組織でない組織としてNGO（non-governmental organization）があり，これも非営利であることを前提とするため，NPOと同じ意味と考えてよい。NGOは，もともと国際連合が非政府組織としての民間組織を指すために使用した用語である。

第8章

〈超高齢社会〉

超高齢社会とは，65歳以上の人口の割合が全人口の21％を超えた社会のことを指す。1956年の国際連合の報告書から「高齢化社会」という言葉が使用されるようになったと言われている。高齢化率が7-14％を「高齢化社会」，14-21％を「高齢社会」と呼ぶ。日本の高齢化率は世界の中でも高く，1970年に「高齢化社会」に突入し，1994年に「高齢社会」，2007年に「超高齢社会」に突入した。

〈高齢者大学〉

1965年から1970年にかけて，当時の文部省が高齢者の学習の場として「高齢者学級」を開設して以来，行政や民間で行う高齢者の学習組織の総称である。呼び方としては，「老人大学」「高年大学」「シニア大学」「生涯大学」など様々である。高齢者の学習を行う行政所管は，当初教育委員会の社会教育行政が中心であったが，1980年代以降の生涯学習社会の広がりとともに，今日では福祉行政が中心となっている。

〈2025年問題〉

団塊の世代と呼ばれ，約800万人を超える第1次ベビーブーム（1947年～1949年に出生）という他の年齢よりも人口が多い世代が，後期高齢者である75歳を超える2025年を指して，2025年問題と言われている。団塊の世代の人口が多いために，社会保障費が増大し，若者への介護や医療費などの負担増が問題視されている。なお，就職氷河期を経験した団塊ジュニア世代と呼ばれる世代が65歳となる2040年問題もその先に控えている。

第9章
〈学び直し〉
　学齢期を過ぎたおとなや社会人が自身のキャリア形成，自己啓発等により，もう一度，学びの場（大学やその他の教育機関など）に参加し，学習活動に取り組むこと。リカレント教育としても捉えられている。文部科学省では，学び直しを希望する人を対象にした制度を有効活用してもらえるよう，文部科学大臣認定プログラム，職業能力開発に関する情報の他，奨学金制度など，各種制度や情報を Website にまとめ提示している。

〈義務教育未修了者〉
　学齢期にやむをえない何等かの事情から義務教育を受けられなかった人たちを意味する。就労や社会生活などで深刻な不利益を被り，もう一度，学びたいと思っていても近隣に修学の場が得られない人が多数いる。全国夜間中学校研究会は，学齢期をすぎた義務教育未修了者を百数十万人と推計している。憲法二六条は，すべての国民に教育を受ける権利を保障し，なかでも義務教育を無償教育としている。

〈夜間中学校〉
　夜間中学とは公立の中学校の夜間学級である。昭和20年代初頭，戦後の混乱期の中で義務教育を修了できなかった人や，様々な理由から本国で義務教育を修了せずに日本で生活を始めることになった外国籍の人など，様々な背景を抱えた人々を対象に，義務教育の機会を提供できるように，仕事などが終わった後，公立中学校の二部授業という形で，夜間に授業が受けられる夜間学級を設置したのが夜間中学の始まりである。昭和30年頃には，設置中学校の数は80校以上を数えたが，就学援助策の充実や社会情勢の変化に伴って減少。2019年度に埼玉県川口市と千葉県松戸市にそれぞれ1校ずつ新設され，全国9都府県27市区に33校となる。夜間中学校は，学校を卒業していても不登校などの理由で十分に通うことができなかった人たちの“学び直しの場”としての役割も期待されるようになっている。

〈教育機会確保法〉
　「義務教育の段階における普通教育に相当する教育の機会の確保等に関する法律」（以下「法」という。）が2017年2月14日に全面施行された。教育機会確

保法は，学校復帰を大前提としていた従来の不登校対策を転換し，学校外での「多様で適切な学習活動」の重要性を指摘した。不登校児童・生徒の無理な通学はかえって状況を悪化させる懸念があるため，子供たちの「休養の必要性」を認めたことになる。義務教育未修了者の意思が尊重されるように，夜間中学校や民間のフリー・スクール，公立の教育支援センターなど，教育機会を確保する施策を国と自治体の責務とし，必要な財政支援に努めるよう求めている。

第10章
〈防災教育〉

　主として地震や津波，火山の噴火，台風，豪雨などの自然災害から住民の命を守り，生活・経済へのダメージを可能なかぎり抑えるために行われる教育活動。防災には自助，共助，公助の3つの段階があり，災害発生後72時間は，消防・警察・自衛隊等の公的な支援が地域レベルに行き届かないことから，それぞれの家庭での備え，自治会活動などを通じての近隣での助け合いが重要と言われる。防災教育は，こうした自助，共助に対する意識をもった住民を育てることが防災教育の使命となる。

〈東日本大震災〉

　2011年3月11日午後2時46分に，宮城県石巻市牡鹿半島沖で発生したマグニチュード9の地震による大規模な津波被害や原発災害。福島，宮城，岩手県の太平洋岸に10メートルを超える津波が到達し，関連死を含め約2万人の死者・行方不明者を出した。また，福島第一原発の原子炉が電源喪失でメルトダウンを起こし，甚大な環境汚染を引き起こした。現在でも原子炉の冷却に伴う汚染水は発生しており，帰宅できない避難民が多数いる。

〈国連防災世界会議〉

　国連は1990年代を「国連防災の10年」と定め，防災に取り組んだ。その過程で，1994年に横浜市で第1回国連防災世界会議を開催し「より安全な世界に向けての横浜戦略」を採択した。2000年には「国連国際防災戦略事務局」を設置し，2005年には神戸市で第2回国連防災世界会議を開催し，1994年の「横浜戦略」をさらに発展させた「兵庫行動枠組み2005-2015」を採択した。2015年には，2011年の東日本大震災の復興途中にある宮城県仙台市で第3回国連防災世界会議を開催し，「仙台行動枠組み2015-2030」を採択している。土

木工学から気候変動に関わる気象学，生存が危ぶまれる先住民族，学校と地域における防災教育など，幅広い分野から参加している。これとは他に，国連国際防災戦略事務局は隔年で「グローバルプラットフォーム」を開催し，防災の取り組みを加速させている。

〈仙台行動枠組み2015-2030〉

2015年に仙台で開催された第3回国連防災世界会議で採択された宣言で，今日の世界規模での防災の取り組みの枠組みとなっている。2015年から2030年までの国連加盟国および国際NGO組織，市民社会組織や企業など非政府の団体が取り組むべき指標などを定めている。2011年の東日本大大震災の経験を踏まえて，防災をあらゆる政策に位置づけ，重視することが，犠牲者や物的被害を少なくすることにつながることを確認している。Build back better「より良い復興」がキーワードとなっている。

〈ICAE 国際成人教育協議会〉

International Council for Adult Education。人権としての青年・成人の学習・教育を保障するための国際的なネットワークで，成人教育分野では世界で最も大きな非政府組織（NGO）。1972年に東京で開催されたユネスコ主催第3回国際成人教育会議の市民社会組織を中心に1973年に創設された。アジア，南北アメリカ，カリブ，アラブ，ヨーロッパ，アフリカの7地域にそれぞれ地域組織があり，国際的な成人教育運動を通じて各国政府の成人教育政策に影響をあたえるアドボカシー（政策提案）活動を行っている。

第11章
〈地域日本語教室〉

日本では年々，外国人住民が増加している。留学生は日本語学校や大学，専門学校などで日本語や専門知識を学ぶ機会があるが，一般の外国人が日本語を学ぶ場として地域の日本語教室が挙げられる。その多くはボランティアによって担われている。

〈日本語教育推進法〉

2019年6月28日に公布，施行された。国や自治体には日本語教育を進める責務，企業には雇用する外国人に教育機会を提供するよう努める責務がある

ことが明記されている。

〈難民〉

　難民とは，紛争や人権侵害から住み慣れた土地を追われ，逃れざるを得な
い人びとを指す。2019年現在，世界には7000万人を超える難民が存在する。
2018年の日本における難民認定率は0.4％程度（難民認定申請者数が1万493名
で，認定者は42名）である。

〈ファシリテーター〉

　ファシリテーターとは，グループや組織でものごとを進めていくときにそ
の進行を円滑にし，目的を達成できるよう働きかける役割を担う人のことを
指す。本書第5章で挙げた地域日本語教育におけるファシリテーターとは，
地域の日本語教室に教師として関わるのではなく，すべての参加者が教え合
い，学び合える活動をデザインし活動を進行させていく役割を担う人のこと
である。

〈母語教育〉

　日本に長期的な滞在している外国人家庭の子どもにとって日本語の習得は
大きな課題であるが，一方で，家庭内コミュニケーションを支え，豊かなア
イデンティティを育むために母語教育の重要性も指摘されている。

第Ⅳ部
第12章
〈CSO〉

　Civil Society Organization の略であり「市民社会組織」と訳される。1990
年代後半以降，欧米諸国や国連などで使われるようになった。労働組合，協
同組合，宗教組織，NPO や NGO，財団，大学，シンクタンクなど，政府以
外の民間非営利組織の総称として使用される場合が多い。

〈アドボカシー〉

　擁護すること，代弁すること，支持することを意味し，権利擁護の主張で
ある。ここでのアドボカシーとは，社会的弱者の権利擁護のために「政策を
提言する」という意味に近い。国際的な会議の成果文書は，各国の政策に影

響を与えるものであるため，その成果文書に市民社会の意見を反映してもら
うように働きかけることを指している。

資料２：学習権宣言

第４回ユネスコ国際成人教育会議（1985年３月25日，フランス・パリ）
採択

　学習権を承認するか否かは，人類にとって，これまでにもまして重要な課
題となっている。
　学習権とは，

　読み書きの権利であり，
　問い続け，深く考える権利であり，
　想像し，創造する権利であり，
　自分自身の世界を読み取り，
　歴史をつづる権利であり，
　あらゆる教育の手だてを得る権利であり，
　個人的・集団的力量を発達させる権利である。

　成人教育パリ会議は，この権利の重要性を再確認する。
　学習権は未来のためにとっておかれる文化的ぜいたく品ではない。それは，
生存の欲求が満たされたあとに行使されるようなものではない。学習権は，
人間の生存にとって不可欠な手段である。もし，世界の人々が，食糧の生産
やその他の基本的人間の欲求が満たされることを望むならば，世界の人々は
学習権をもたなければならない。もし，女性も男性も，より健康な生活を営
もうとするなら，彼らは学習権をもたなければならない。もし，わたしたち
が戦争を避けようとするなら，平和に生きることを学び，お互いに理解し合
うことを学ばねばならない。"学習"こそはキーワードである。
　学習権なくしては，人間的発達はありえない。
　学習権なくしては，農業や工業の躍進も地域の健康の増進もなく，そして，

さらに学習条件の改善もないであろう。

　この権利なしには，都市や農村で働く人たちの生活水準の向上もないであろう。端的にいえば，このように学習権を理解することは，今日の人類にとって決定的に重要な諸問題を解決するために，わたしたちがなしうる最善の貢献の一つなのである。

　しかし，学習権はたんなる経済発展の手段ではない。それは基本的権利の一つとしてとらえられなければならない。学習活動はあらゆる教育活動の中心に位置づけられ，人々を，なりゆきまかせの客体から，自らの歴史をつくる主体にかえていくものである。

　それは基本的人権の一つであり，その正当性は普遍的である。学習権は，人類の一部のものに限定されてはならない。すなわち，男性や工業国や有産階級や，学校教育を受けられる幸運な若者たちだけの，排他的特権であってはならない。本パリ会議は，すべての国に対し，この権利を具体化し，すべての人々が効果的にそれを行使するのに必要な条件をつくるように要望する。そのためには，あらゆる人的・物的資源がととのえられ，教育制度がより公正な方向で再検討され，さらにさまざまな地域で成果をあげている手段や方法が参考となろう。

　わたしたちは，政府・非政府双方のあらゆる組織が，国連，ユネスコ，その他の専門機関と協力して，世界的にこの権利を実現する活動をすすめることを切望する。

　エルノシア，モントリオール，東京，パリと続いたユネスコ会議で，成人教育会議の大きな前進が記されたにもかかわらず，一方には問題の規模の大きさと複雑さがあり，他方には適切な解決法を見出す個人やグループの力量の問題があり，そのギャップはせばめられてはいない。

　1985年3月，ユネスコ本部で開かれた第4回国際成人教育会議は，現代の問題のスケールの大きさにもかかわらず，いやそれだからこそ，これまでの会議でおこなわれたアピールを繰り返しのべて，あらゆる国につぎのことを要請する。すべての国は，成人教育の活動においても，サービスにおいてもたしかな発展をとげるために，大胆で想像力にみちた努力をおこなうべきである。そのことによって，女性も男性も，個人としても集団としても，その目的や条件や実施上の手順を自分たちできめることができるようなタイプの成人教育を発展させるのに必要な，教育的・文化的・科学的・技術的蓄積を，わがものとなしうるのである。

この会議は，女性と婦人団体が貢献してきた人間関係における新しい方向づけとそのエネルギーに注目し，賛意を表明する。その独自の経験と方法は，平和や男女間の平等のような人類の未来にかかわる基本的問題を解決するための中心的位置を占めるものである。したがって，より人間的な社会をもたらす計画のなかでの成人教育の発展に女性が参加することは，ぜひとも必要なことである。

　人類の将来がどうなるか，それは誰がきめるのか。これはすべての政府・非政府組織，個人，グループが直面している問題である。これはまた，成人の教育活動に従事している人々が，そしてすべての人間が個人として，集団として，さらに人類全体として，自らの運命を自ら統御することができるようにと努力している人々が，直面している問題でもある。

資料3：「EFA行動枠組み：The Jomtien Framework for Action」における目標

万人のための世界教育会議（1990年3月5日〜9日　World Conference on Education for All）採択

（1）　幼児教育の拡張。特に，貧困者，不利な人々，障害者を対象とすること。
（2）　2000年までに初等教育の完全普及を目指すこと。
（3）　個人や若者が生活の向上を高めていけるために必要な知識やスキルをより多く獲得できるようにすること。
（4）　2000年までに成人非識字率を1990年段階より半減させること。（特に男女間格差の解消と女性の識字に力点を置くこと。）
（5）　若者，成人が必要とする基礎教育，訓練プログラムの拡大を図ること。
（6）　マスメディア，その他の伝統的，現代的コミュニケーションの方法，社会的行動を含めたすべての教育チャンネルによる知識，能力，価値の獲得の促進を目指すこと。

資料４：「ダカール行動枠組み（The Dakar Framework for Action)」における目標

世界教育フォーラム（2000年４月26日〜28日　セネガル・ダカール）採択

（１）　最も恵まれない子どもたちのために，包括的な支援と就学前保育・教育の拡大，および改善を図ること。

（２）　2015年までに，特に女子，困難な状況にある子どもたち，少数民族の子どもたちに無償で，良質な義務教育（初等教育）を受けることを保証すること。

（３）　すべての青年，および成人の学習ニーズが，適切な学習プログラム，生涯におけるスキルプログラムへの公平なアクセスにより保証されること。

（４）　2015年までに，成人（特に女性の）識字率を50％改善させ，すべての成人が基礎教育と継続教育への公平なアクセスを達成すること。

（５）　2005年までに初等・中等教育の男女間格差を解消すること。2015年までに教育における男女平等を達成させ，この過程において，女子の良質な基礎教育の機会の充分，かつ平等なアクセスを保証すること。

（６）　特に識字教育，計算能力など生活に不可欠なスキルにおいて，測定可能な学習成果を得られるように，教育のすべての側面における質の改善，卓越性を保障すること

資料５：生存可能な将来のための成人教育の力と可能性の利用行動のためのベレン・フレームワーク（Belem Framework for Action）

第６回国際成人教育会議（2009年12月４日，ブラジル・ベレン）採択
（本書に密接な部分に編者による下線）

序文

1．ユネスコ加盟国の156カ国，市民団体，社会的パートナー，国連機関，政府間機関，民間部門の代表は，第6回国際成人教育会議（CONFINTEA VI）の参加者としてCONFINTEA V以降の成人教育の進展を評価するために，2009年12月にブラジルのベレンに集まった。成人教育は教育を受ける権利にとって不可欠な要素と認識されており，我々はすべての若者と成人がこの権利を行使できるよう新たな一連の緊急の措置を計画する必要がある。

2．我々は1949年から行われている5回の国際成人教育会議（CONFINTEA I-V）で定めた成人教育の基本的役割を繰り返し，緊急の問題として，より速度を速めて成人教育問題の議題に取り組んで行くことを全会一致で約束する。

3．我々は1976年成人教育の発展に関するナイロビ勧告（Nairobi Recommendation on the Development of Adult Education of 1976）において最初に定められ，1997年のハンブルグ宣言においてさらに発展した成人教育の定義を支持する。これは，成人教育が「自らが所属する社会において成人とみなされる人々が，公か否かを問わずその能力を開発し知識を深め，技術的または専門的資質を向上させ，自身および社会のニーズに応えることのできるように自らを変えることのできる継続的な学習プロセス全体」を意味している。

4．識字能力は，若者にとっても成人にとっても，総合的，包括的，統合的な生涯および生活全体にわたる学習を積み上げるための最も重要な基礎である。世界的な識字能力に関する課題の大きさを考慮し，我々は，万人のための教育（Education for All）（EFA），国連識字の十年（United Nations Literacy Decade）（UNLD）およびエンパワーメントのための識字事業（Literacy Initiative for Empowerment）（LIFE）に正式に記されている現在の成人における識字能力に関する目標と優先順位が，可能な限りの，あらゆる手段を用いて必ず達成されるよう，たゆまぬ努力を続けることが不可欠だとみなしている。

5．若者と成人の教育は，個人，特に女性が複数の社会的，経済的，政治的危機および気候変動への対処を可能にする。したがって我々は，男女共同参画（gender equality）（女性差別撤廃委員会（CEDAW）や北京行動綱領（the Beijing Platform for Action）など）を含む，ミレニアム開発目標（Millennium Development Goals），万人のための教育（EFA），および持続可能な人的，社会的，経済的，文化的，環境的開発において国連が議題を達成するよう，成人教育が重要な役割を果たすことを認識している。

6．したがって，我々は，すべての人々が生きていけるような将来のために，成人教育の力と可能性を利用する指針とすべく，この行動のためのベレン・フレームワークを採択する。

生涯学習に向かって

7．生涯学習は，世界的な教育問題とその困難な状況に対処するための不可欠な役割を担っている。「ゆりかごから墓場まで」の生涯学習は，包括的，人道的で人々の開放に役立つ民主的価値を基盤とするあらゆる様式の教育哲学であり，概念的な枠組みであり，組織化の原則である。それは知識を基盤とした社会のビジョンのすべてを網羅する統合的なものである。我々は，21世紀教育国際委員会が推奨する学習の4つの柱である「知るための学習」「行うための学習」「なるための学習」「共に生きるための学習」を再確認する。

8．成人教育は生涯学習プロセスの重要な構成部分であり，公式から非公式，略式の学習に至るすべてを包含するものと認識している。

成人教育は，若者，成人，年配者の学習ニーズを満たすものである。成人教育は，一般的問題，職業的問題，家族の識字能力および家庭教育，市民権その他多くの隣接分野など広範囲にわたる内容をカバーしており，優先順位は国や個人のニーズによっても異なる。

9．我々は，世界的な問題や教育上の問題への対応において生涯学習が重大な役割を果たすことを確信しており，それによって鼓舞されている。また，成人教育によって人々がその権利を行使し，さらに高め，運命を決めるために必要な知識や才能，スキル，能力，価値を身につけることができると確信している。成人教育はまた，貧困を軽減し，平等で許容可能，持続可能な，知識に基づく社会を構築するための公平さと包括性を達成するためにも不可欠である。

勧告

10．CONFINTEA V 以降の達成と進展を認識している一方で，いまだに対峙している問題があることも熟知している。付属の調書に概説されているように，成人と若者が教育を受ける権利を実現することは，政策，統治，資金調達，参加，包括性，公平さ，質に関する考慮で左右されることを認識し，以下の勧告を遂行することを決意している。識字能力によって直面する課題を鑑み，成人の識字能力に関する勧告を前面に置くこととした。

成人の識字能力

11. 識字能力は，若者と成人があらゆる段階で学習することを可能にする，欠くことのできない基盤である。識字能力を身につける権利は，教育を受ける権利に内在しており，個人的，社会的，経済的，政治的な力を持つためにも，欠くことのできない要素である。識字能力は生活，文化，経済，社会において，発展し，複雑化する問題に対応する能力を構築するための欠かせない手段である。

　識字能力の問題の規模と持続性，および識字能力の欠如によって人的資源や可能性が共に無駄になることを考慮すると，識字率低下のサイクルに陥ることを防ぎ，そのサイクルを打ち破って識字率100％の世界を作ることを最終的な目標とし，2015年までに文盲率を2000年の水準から50パーセント減少させる（EFAの第4の目標およびその他の国際公約）ための努力を強化することが不可欠である。

　目標を達成するために，我々は以下を表明する。

　(a) すべての調査およびデータ収集において，継続して識字率を認識させる。

　(b) 課題を達成するために，進展状況，障害，脆弱性などの重要な評価に基づき，明確な目標と期限を備えたロードマップを作成する。

　(c) 内外のリソースと専門知識を動員，増加させ，より大きな規模，範囲，対象で質を高めた識字率向上プログラムを実行する。統合的かつ中期的プロセスを醸成して個々人の持続可能な識字率達成が保証されるようにする。

　(d) 参加者の実用的かつ持続可能な知識，スキル，能力の獲得につながり，それ達成することが適切な評価方法と手段で認識され，参加者に生涯学習者として学習を継続する力を与える。学習者のニーズに関連し，適合した識字教育を開発する。

　(e) 全般的には農村の人々を重視しながら，女性および非常に不利な状況にある人々（先住民族や囚人を含む）への識字教育に焦点をあてる。

　(f) 識字能力に関する国際的指標と目標を確立させる。

　(g) EFAグローバル・モニタリング・レポート（EFA Global Monitoring Report）に特別のセクションを設けることにより，特に各国レベルとグローバル・レベルでの識字率向上へ投資と十分なリソースについて，系統的に検討し，進展を報告する。

(h) 強化された識字環境により支援される基本的な識字スキル以上の継続
　　的教育，訓練，スキルの開発計画を行い，実行する。

政策

12. 成人教育に関する政策と法的手段は部門全体および部門を超えたアプロ
ーチに基づき，生涯学習の観点から学習と教育におけるすべての構成部分を
対象とする。それらをつなぐ総合的，包括的かつ統合的なものとする必要が
ある。

目標を達成するために，我々は以下を表明する。

(a) 費用を全額算定した政策，十分に目標を定めた計画，成人の識字能力，
　　若者および成人の教育ならびに生涯学習に対処するための法制を開発し
　　実施する。

(b) MDG，EFA，UNLD および他の全国的・地域的開発計画，ならびに
　　LIFE の活動がある場合にはそれとも統合された，成人教育のための特定
　　の具体的な行動計画を立案する。

(c) 成人教育が確実に「一つの国連（ONE United Nations）」イニシアチブ
　　に含まれるようにする。

(d) 成人教育に積極的に活動しているすべての利害関係者が関与する監視
　　委員会のような適切な調整メカニズムを確立させる。

(e) 同等の枠組みを設置することにより，あらゆる様式における学習の認
　　知，検証，および資格認定の仕組みとメカニズムを開発し，改善する。

統治

13. 優れた統治は，効果的で透明性が高く，説明責任が明確かつ平等な方法
によって成人教育の実施を促進する。すべての利害関係者が参加し，その意
見を示すことは，すべての学習者，特に最も不利な状況にある学習者のニー
ズへの対応を保証するために不可欠である。

目標を達成するために，我々は以下を表明する。

(a) 成人教育の政策とプログラムの開発，実施，評価において，すべての
　　行政レベルにおける公的機関，市民社会組織，社会的パートナー，民間
　　部門，地域社会，成人の学習者，および教育者の組織の関与を創り出し，
　　維持するメカニズム

(b) 市民社会組織，地域社会および成人学習者組織が適宜，政策やプログ

ラムの開発，実施，評価に，建設的かつ情報を与えられて関与できるよう支援するための能力構築手段の保証

(c) 部門間と省庁間における協力の推進と支援

(d) プロジェクトやネットワークを通じた，ノウハウや革新的取組みを共有するための国際的な協力の醸成

資金調達

14. 成人教育は，より民主的，平和的，包括的，生産的，健康的かつ持続可能な社会を創造することにより社会的利益をもたらす，価値のある投資である。質の高い成人教育の提供を保証するためには重要な財務投資が不可欠である。

目標を達成するために，我々は以下を表明する。

(a) CONFINTEA V の勧告の達成に向かう進展を加速させ，GNP の最低6％を教育に投資することを目指し，成人教育への投資の増加を働きかける。

(b) 既存の教育リソースと予算をすべての政府部門において拡大し，統合された成人教育戦略の目標を達成する。

(c) EU 生涯学習プログラムに基づいてとられた措置に沿って，識字率向上と成人教育のために，国際的に新たな資金調達プログラムの考慮，また既存プログラム開放の解放を行う。

(d) 新たな資金調達源獲得を奨励するために，たとえば民間部門，NGO，地域社会，個人から平等と包括性の原則を損なうことのない誘因策を策定する。

(e) 女性，農村の人々，障害のある人々のための生涯学習への投資を優先する。

これらの戦略の支援において，国際的な開発パートナーに以下を呼びかける。

(f) EFA におけるすべての目標の達成，特に目標3と目標4（若者と成人の学習，成人の識字能力向上）を妨げる財政的なギャップを埋めるための確約を果たす。

(g) 成人の識字能力向上，学習，教育のための資金と技術的な支援を増加し，債務スワップや解約など，代替金融メカニズムを用いることの実現可能性を探る。

(h) 教育部門に対し，成人の識字能力についての信頼性の高い行動と投資を含むファストトラック・イニシアチブ（FTI）に計画を提出するよう要求する。

15. 包括的教育は，人的，社会的，経済的発展実現の基礎である。すべての個人が自分の可能性を開発できるようにすることにより，共に調和し，尊厳をもって生きることが大きく奨励される。年齢，性別，民族，移民資格，言語，宗教，身体障害，都市から離れた地方に済んでいること，性的同一性または性的指向，貧困，移動，投獄などによる排除があってはならない。複数の不利な条件による累積的影響と闘うことは特に重要である。すべての人々の意欲を高め，権利を手に入れることのできるような手段を講じるべきである。

目標を達成するために，我々は以下を表明する。

(a) 学習する文化を高め，参加しにくい環境を排除することにより，成人教育へのより平等なアクセスと参加を推進し，容易にする。

(b) 念入りに計画され，目標の定められたガイダンスや情報，成人学習者週間や学習フェスティバルなどの活動やプログラムを通じて，成人教育へのより平等な利用と参加を促進し支援する。

(c) 特に，成人になったばかりの時期に複数の不利な条件が重なることが予想される集団を特定し，対応する。

(d) 複数の目的を持ったコミュニティ・ラーニング・スペースやラーニング・センターを創り，女性特有の需要を考慮した女性向けのすべての種類の成人教育プログラムの利用と参加を促進する。

(e) 現地の文化，知識，方法論を認識し，その価値を評価する関連のプログラム，方法，資料を開発することにより，様々な現地言語の読み書き能力の開発を支援すると同時に，より広いコミュニケーションのために第二言語の教育を十分に発達させる。

(f) すべての教育政策とアプローチにおいて不利な状況にいる集団（たとえば，先住民，移民，特別なニーズのある人々や農村に住んでいる人々）に系統的に焦点をあてることを財政的に支援する。無料の，または政府が補助金を出すプログラムや奨励金，手数料免除，勉強のための有給休暇のような奨励策のあるプログラムも含まれる。

(g) 刑務所内において，適切なレベルの成人教育を提供する。

(h) 市民社会組織，労働市場の利害関係者，学習者および教育者とのパー

トナーシップにおける，利害関係者と責任を識別するメカニズムを含む，相対的なかつ統合されたアプローチを採用する。
(i) 開発の取り組みを重要な焦点として，移民と難民に対する効果的な教育対応策を開発する。

質

16. 学習と教育の質は，継続的な注意と開発を要する，相対的かつ多次元的な概念であり，取組みである。成人学習の質を高める文化を醸成するには，関連するコンテンツとそれを届ける手段，学習者を主体としたニーズの査定，複数の能力と知識の取得，教育者の専門化，学習環境の充実，個人やコミュニティへの権限付与などが必要である。

目標を達成するために，我々は以下を表明する。
(a) 結果と影響の測定を考慮に入れ，成人教育プログラムのカリキュラム，学習素材，教育法における質の基準を開発する。
(b) 提供者が多様かつ多数であることを認識する。
(c) 高等教育機関，教師による団体，また市民社会組織とのパートナーシップの確立などを通じて成人教育の教育者の研修，能力開発，雇用条件および専門化を改善する。
(d) 様々なレベルで成人の教育結果を評価する基準を開発する。
(e) 正確な質の指標を設定する。
(f) データと優れた取組みの収集，分析，普及を行うための知識管理システムによって補完された，成人教育の系統的かつ学際的なリサーチへの支援を増大させる。

行動のためのベレン・フレームワークの実行を観察

17. 我々は，国内外の両方で成人教育を新たに活気づかせようとする全体の意思を強みとして，以下について説明責任を負い，観察することを表明する。我々はまた，成人教育の政策決定者に向けた，有効的で信頼性が高く，かつ十分な量と質を備えたデータが必要であることを認識している。行動のためのベレン・フレームワークの実現には，パートナーと協力して，国家レベルまたは国際的レベルで定期的な記録と追跡のメカニズムを設計し実行することが最も重要である。

目標を達成するために，我々は以下を表明する。

(a) 識字率の推移と成人教育のための，比較が可能な一連の指標を開発するプロセスへの投資を行う。

(b) 成人教育プログラムへの参加と進展に関するデータと情報を定期的に収集，分析する。性別やその他の要因別に分解して長期にわたる変化を評価し，良い取組みを共有する。

(c) CONFINTEA VI に対するコミットメントの実施を評価するために，定期的なモニタリング・メカニズムを確立する。

(d) 3年ごとに進捗報告書を作成し，ユネスコに提出することを勧告する。

(e) 明確なベンチマークと指標を備えた，地域のモニタリング・メカニズムを開始させる。

(f) 2015年の EFA と MDG の予定表と時期を合わせて，CONFINTEA VI の中期レビューのための国ごとの進捗報告書を作成する。

(g) 成人の識字率向上，成人教育および生涯学習の分野で MDG と EFS をフォローアップするために南南協力を支援する。

(h) 異なる学問分野，および農業，医療，雇用などの部門を超えた成人教育における協力がどのようにおこなわれているかを観察する。

　　国際的レベルでのフォローアップと観察を支援するために，ユネスコとその組織に対し，以下を求める。

(i) データや良い取組みの事例を収集するために，加盟国自身が寄与するオープン・アクセスのナレッジ・マネジメント・システムを設計および開発することにより，加盟国に支援を提供する。

(j) 非公式や略式の学習を通じて取得されたものを含め，すべての学習の成果に関するガイドラインを開発し，その成果を認識・検証できるようにする。

(k) 成人教育の実績について定期的に評価し進捗状況を報告するために，ユネスコ生涯学習研究所を通じたユネスコ統計局とのパートナーシップにより，生涯学習の進展に関するグローバル・レベルでの観察プロセスを調整する。

(l) これを基盤として，成人教育に関するグローバル・レポート（GRALE）を定期的に作成する。

(m) 1976年成人教育の発展に関するナイロビ勧告を2012年まで検討し，更新を続ける。

　　　　（以下，「付属資料」「調書」「世界的な教育問題と課題への対処」略）

資料6：仁川（インチョン）宣言
2030年に向けた教育：包括的かつ公平な質の高い教育及び万人のための生涯学習に向けて

世界教育フォーラム（2015年5月21日，韓国・仁川）

（本書に密接な箇所に編者による下線）

前文

1．我々大臣は，あるいは，代表団長及び団員，機関長及び多国間・二国間組織の主要関係者，市民社会の代表者，教員，青年及び民間関係者は，2015年5月，ユネスコ事務局長の招待により，世界教育フォーラム（WEF2015）のために韓国仁川に集まった。この会議の共同招集者として，ユニセフ，世界銀行，UNFPA（国連人口基金），UNDP（国連開発計画），UN Women，UNHCR（国連難民高等弁務官）はもちろん，韓国政府及び韓国国民にこの重要なイベントを主催いただいたことに感謝する。2030年に向けた教育のための，この節目のイベントを召集していただき，我々は心からの感謝の意をユネスコに表明する。

2．この歴史的な機会に，ここ数十年の間で教育において最も重要なコミットメントであり，教育の重要な進歩に役立ってきた，1990年にジョムティエンで開始され，2000年にダカールで改めて表明された，万人のための教育（EFA）の世界的なムーブメントのビジョンを再確認する。我々は，教育の権利を明記した多数の国際及び地域の人権条約等や他の人権との相互関係に反映されたビジョン及び政治的意思もまた再確認した。我々はこれまで為されてきた努力を確認したが，万人のための教育を達成するには，まだ程遠いことに大きな懸念を持っている。

3．我々は，幅広い関係者間で協議され，グローバルEFA会合2014（GEM）で採択された，マスカット・アグリーメントを想起する。これは，持続可能な開発目標（SDGs）に関するオープンワーキンググループにより提案された教育目標にも成功裏にインフォームされた。我々はさらに，ポスト2015年の教育に関する地域閣僚会議の成果を想起し，EFAグローバルモニタリングレポート2015と地域EFA統合報告書の成果に留意する。我々は，グローバル・エデュケーション・ファースト・イニシアティブの重要な貢献とともに，教

育のための政治的なコミットメントを活性化させている，政府，地域，政府間組織及びNGOの役割を認識している。

4．2000年以降のEFAのゴール及びMDGsの教育目標に向けて行われた進捗や教訓を評価し，残された課題を精査し，提案されている2030年教育アジェンダと行動枠組みだけでなく，その達成のための今後の優先課題と戦略を審議したことを受けて，我々はこの宣言を採択する。

2030年に向けて：新たな教育のビジョン

5．我々のビジョンは，教育を通じて生活を変えることであり，教育が，発達のための主な原動力であり，他のSDGs案を達成することにおいて，重要な役割であることを認識している。我々は，危機感を持って，全体論的で野心的なたった一つの，新たな教育アジェンダを公約し，誰も置き去りにしないことを保証する。この新たなビジョンは，提案されたSDG４「包括的かつ公平な質の高い教育の保証と，万人のための生涯学習の機会の促進」とそれに対応する目標に完全に取り入れられている。それは変革と普遍であり，EFAアジェンダ及び教育関連のミレニアム開発目標の‘未完の案件’に取り組むものであり，世界的及び国内的な教育の課題に取り組むものである。それは，教育における人間中心のビジョンと人権と尊厳，社会的正義，包括性（インクルージョン），保護，文化，言語及び人種の多様性に基づく開発によりもたらされており，責任（responsibility）と説明責任（accountability）は共有されている。私たちは，教育は公共財であり，基本的人権であり，その他の権利の実現を保証するための基礎であることを再確認する。それは，平和，寛容さ，人間の充足感，持続的発展に不可欠である。我々は，教育が完全雇用及び貧困の根絶への重要な鍵となることを認識している。我々は生涯学習のアプローチにおいて，アクセス，公平性及び包括性，教育の質，学習成果の向上に努めていく。

6．過去15年間で教育へのアクセスの拡大における私たちの重大な成果を受けて，我々は12年間の無償で，公的支援を受けた，公平で質の高い初等及び中等教育の提供を保証する。それは関連した学習成果につながるものであり，少なくとも９年間は義務教育とする。また，全ての子供たちが質の高い幼年期発達や保護，教育を受けられるための，少なくとも１年間の無償かつ質の高い義務的な就学前教育の提供を推奨する。それと同時に，全ての子供たちが学校に行き，学ぶことが出来ることを確実にするために，早急で，的を絞

った，持続的な対応を必要としている数多く存在する不就学児童及び青年に対して有意義な教育及び訓練の機会が提供されるよう公約する。

7．教育における，また，教育を通じた包括性と公平性は，変革的な教育アジェンダの基礎であり，そのために教育における，あらゆる排除や社会的疎外，アクセス，参画，学習成果における格差や不平等に対処することを約束する。教育目標は，万人に対して達成されない限り達成されたとするべきではない。つまり，我々は，誰も取り残されないことを確実にするために，必要な教育政策の修正をし，最も不利な立場にいる人々や，特に障害を持つ人々に注力することを約束する。

8．我々は，万人のための教育の権利の達成において，男女平等の重要性を認識している。そのため，我々は，性別に配慮した政策や計画，学習環境を整備し，教員研修やカリキュラムにおいて性別問題を主流化し，学校における性差別や暴力をなくすことを約束する。

9．我々は，質の高い教育及び学習成果の向上を約束する。それは，インプット，プロセス，学習成果の評価，進捗を測るメカニズムの強化を必要とする。我々は，教員や教育者が権限を与えられ，適切に雇用され，きちんと研修を受けられるとともに，専門的に質が高く，やる気を惹起し，十分な資金援助が受けられ，効率的で効果的に統治されたシステムの中で支援が受けられることを保証する。質の高い教育とは，創造性や知識を強化するものであり，また，分析力があり，問題解決力のあるハイレベルの認知的で，対人的，社会的なスキルのほか，基礎的な読む力，計算力の習得を確実にするものである。さらに，質の高い教育により，市民が健康で，満たされた生活を送り，情報に基づいた意思決定を行い，持続可能な開発のための教育（ESD）と地球市民教育（GCED）のための教育を通じてローカル及びグローバルな課題を解決することのできる，能力，価値観や姿勢を発達させることができる。この点において，我々は2014年愛知県名古屋市で開催されたESDに関するユネスコ世界会議で開始されたESDに関するグローバルアクションプログラムの実施を強くサポートする。さらに，ポスト2015年開発アジェンダを達成するため人権教育・研修の重要性も強調する。

10．我々は，すべての状況及び全教育課程における，万人のための質の高い生涯学習の機会を推進することを約束する。これには，質の保証に配慮した，職業技術教育・訓練（TVET），高等教育及び研究への公平なアクセスの増加が含まれる。加えて，認証，妥当性の確認及びノンフォーマルやインフォー

マル教育を通じて得た知識，スキルや能力の認可や，学習を行う道行きの柔軟な設定を提供することは重要である。また，すべての若者と大人，特に少女や女性が適切で機能的な読み書きと計算能力に達し，生活技能を獲得し，また，成人学習，教育・研修の機会が提供されることを約束する。情報通信技術（ICTs）については教育システム，知識の普及，情報アクセス，質の高い効果的な学習，さらに効果的なサービス提供に生かされると確信している。

11. さらに，我々は今日，特に世界の不就学児童人口の大部分が犯罪や暴力が横行し教育機関を襲撃するような紛争地域に住んでおり，自然災害や世界的流行病が世界的に教育と発達に影響しているという重大な懸念について言及する。我々は，国内避難民と難民を含む，子供，若者，成人それぞれのニーズに合った，さらにより包括的で，対応の速い，レジリエントな（回復力のある）教育システムの開発を約束する。我々は教育が安全で，援助が行き届き，暴力がない環境で行われる必要性を強調する。我々は緊急時の応答から再生や再建までの十分な危機対応や，よく調整された国，地域，地球規模の対応，さらに紛争時，緊急時，紛争後と早期回復の間にも教育が維持されることを確保するためのリスク軽減と緩和のための能力開発を推奨する。

我々の共通のアジェンダを実施するために

12. 我々は，アジェンダを達成するための基本的な責任は政府にあることを再確認する。我々は，説明責任と透明性を促進する法律や政策の枠組みを確立すること，すべてのレベルで参加型ガバナンスと協調パートナーシップを維持すること，そして全ての関係者が参加する権利を支持することを決定した。

13. 我々は，世界及び地域の強固な協調，協力，連携とともに，地域組織やメカニズム，戦略の範囲内で，国家レベルでのデータ集計，分析，報告に基づく教育アジェンダの実行に係るモニタリングの必要性を呼びかけてきた。

14. 我々は，2030年の教育アジェンダの達成のためには，堅固な政策，実施計画とともに，効率的な実施計画が必要であることを認識している。さらに，提出された SDG 4 に網羅されている目標は，特にすべてのレベルにおいて，質の高い万人のための教育の達成から程遠い国々に対し，重要で対象を絞り込んだ財政の増加なしでは実現出来ないことは明らかである。したがって，国の状況に応じて教育への公共支出を増加させ，GDP の少なくとも4-6%または総公共支出の少なくとも15-20%を効果的に措置することを国際及び地域基

準として遵守することを決定した。

15. 政府により投資を補完する開発協力の重要性に注目すると，我々は，先進国，既存のドナーや将来的なドナー，中間所得国及び国際的な資金調達メカニズムに対し，教育への資金提供を増加させることと，国のニーズと優先順位に従ったアジェンダに対処することを支えることを求める。我々は，多数の先進国が開発途上国へ配分する政府開発援助（ODA）を国民総生産（GNP）の0.7%目標を実現することを含め，発展途上国へのODAに関わるすべてのコミットメントの達成はきわめて重要であると認識している。それらのコミットメントを踏まえると，まだ行っていない先進国に対して開発途上国へ配分するODAをGNPの0.7%に実現するように要求する。また，後発途上国に対しての援助を増やすことを約束する。さらに，教育の権利を支える全ての可能性のある資源を解放する重要性を認識する。我々は，より良い調整と調和を通して，援助の効果を改善し，顧みられないサブセクターと低所得国の財政支援と援助の優先順位をつけることを推奨する。我々はさらに，長引く人道的危機の中で教育支援を拡大することを推奨する。2015年7月に行われる開発のための教育に関するグローサミットを歓迎する。また，アディスアベバで行われる経済開発会議を求める。

16. 我々は，2030教育アジェンダを実施するにあたり，WEF2015の共同招集者，また，特にユネスコ及びすべてのパートナーが，技術的なアドバイスや能力開発，それぞれの任務と比較に基づいたアドバンテージや相補性に基づき構築された財政支援を提供することにより，個々にそして団結して国々を支援することを要請する。この目的のために，我々はメンバー国，WEF2015の共同主催者及びその他の協力者との協議のもと，ユネスコに対し，適切な世界的協調メカニズムを発展させることを委託する。GPE（教育のためのグローバル・パートナーシップ）を，国々の要望と優先度に準じたアジェンダの実施を支援する教育のためのマルチ・ステークホルダーとする認識のもとに，我々はそれがこの将来の国際調整メカニズムの一部となることを推奨する。

17. 我々はさらに，2030年教育アジェンダをリードし，調整するための義務的役割を続けるよう，教育のための国連の専門機関としてのユネスコに次のことを委任する。すなわち，政治的公約を持続させるための主張（アドボカシー）を行うこと，政策対話と知識の共有と標準の設定を強化すること，教育目標に向けた進捗状況をモニタリングすること，アジェンダの実施をガイ

ドするために，世界，地域及び国のステークホルダーを招集すること，全体的なSDGの調整の仕組みの中で教育のためのフォーカルポイントを機能させること。

18. 我々は，政策策定と教育システムの管理のための確実な証拠を生み出すだけでなく，説明責任を確実にするために，包括的な国家モニタリングと評価システムを開発することを決意する。我々はさらに，WEF2015共同招集者や協力者に，国レベルでのデータ収集，分析及び報告に関する能力開発に対する支援を要求する。国々は，ユネスコ統計研究所への報告の質，分割のレベル，スケジュールの向上を模索し続けるべきである。我々は，提案されたSDGsの実施手段をモニターし，評価するために確立された仕組みのなかで，提案されたSDG 4及びSDGsにおける他の教育目標に関するモニタリング及び報告のメカニズムとして，EFAグローバルモニタリングレポートが，ユネスコにより主宰される独立したグローバル教育モニタリングレポート（GEMR）として，続けられることを要請する。

19. 我々は，2030年までの教育における行動枠組みの本質的要素について議論を行い合意した。ポスト2015開発アジェンダ採択のための国連サミット（2015年9月，ニューヨーク）及び第3回開発資金国際会議（アディスアベバ，2015年7月）の成果を考慮すると，最終版は，2015年11月の第38回ユネスコ総会に併せて開催される，特別ハイレベル会議において採択及び開始されるべく提示される予定である。我々は国々やパートナーに刺激を与え，導くことで，アジェンダが達成されることを確実にするために，この採択後の実施を全面的に約束する。

20. ジョムティエンとダカールの遺産の元に構築された，この仁川宣言は，2030年までに我々の野心的な目標を達成するための，大胆かつ革新的な行動を伴った，教育のための新たなビジョンを通じて，生活の変革をするための我々全員による歴史的なコミットメントである。

資料7：持続可能な開発目標4（SDG4）

SDG 4　すべての人々に包摂的かつ公平で質の高い教育を提供し，生涯学習を推進する
国連持続可能な開発サミット（2015年9月25日　アメリカ・ニューヨーク　国連総会）

4.1　2030年までに，すべての子どもが男女の区別なく，適切かつ効果的な学習成果をもたらす，無償かつ公正で質の高い初等教育及び中等教育を修了できるようにする。

4.2　2030年までに，すべての子どもが男女の区別なく，質の高い乳幼児の発達・ケア及び就学前教育にアクセスすることにより，初等教育を受ける準備が整うようにする。

4.3　2030年までに，すべての人々が男女の区別なく，手の届く質の高い技術教育・職業教育及び大学を含む高等教育への平等なアクセスを得られるようにする。

4.4　2030年までに，技術的・職業的スキルなど，雇用，働きがいのある人間らしい仕事及び起業に必要な技能を備えた若者と成人の割合を大幅に増加させる。

4.5　2030年までに，教育におけるジェンダー格差を無くし，障害者，先住民及び脆弱な立場にある子どもなど，脆弱層があらゆるレベルの教育や職業訓練に平等にアクセスできるようにする。

4.6　2030年までに，すべての若者及び大多数（男女ともに）の成人が，読み書き能力及び基本的計算能力を身に付けられるようにする。

4.7　2030年までに，持続可能な開発のための教育及び持続可能なライフスタイル，人権，男女の平等，平和及び非暴力的文化の推進，グローバル・シチズンシップ，文化多様性と文化の持続可能な開発への貢献の理解の教育を通して，全ての学習者が，持続可能な開発を促進するために必要な知識及び技能を習得できるようにする。

4.a　子ども，障害及びジェンダーに配慮した教育施設を構築・改良し，すべての人々に安全で非暴力的，包摂的，効果的な学習環境を提供できるようにする。

4.b　2020年までに，開発途上国，特に後発開発途上国及び小島嶼開発途上国，ならびにアフリカ諸国を対象とした，職業訓練，情報通信技術（ICT），技術・工学・科学プログラムなど，先進国及びその他の開発途上国における高等教育の奨学金の件数を全世界で大幅に増加させる。
4.c　2030年までに，開発途上国，特に後発開発途上国及び小島嶼開発途上国における教員研修のための国際協力などを通じて，質の高い教員の数を大幅に増加させる。

資料8：CONFINTEA（UNESCO　International Conference on Adult Education）開催年と開催場所一覧

第1回　デンマーク・エルシノール　1949
第2回　カナダ・モントリオール　1960
第3回　日本・東京　1972『Learning to be（未来の学習）』フォール報告
第4回　フランス・パリ　1985　「学習権宣言」採択
第5回　ドイツ・ハンブルグ　1997　「ハンブルク宣言」採択
第5回＋6　タイ・バンコク　2003
第6回　ブラジル・ベレン　2009　「ベレン行動枠組み」
第6回＋6　韓国・水原（スウォン）　2015

資料９：CONFINTEA ⅥからⅦへのタイムライン図

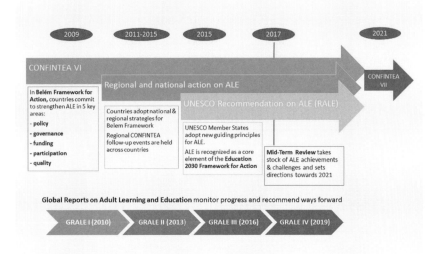

出所：http://uil.unesco.org/adult-education/confintea/mid-term-review-confintea-6

資料10：成人教育の国際的動向に関する年表

年	事項	関連事項
1945	連合国50か国代表による国際連合設立のためのサンフランシスコ会議：国連憲章に署名 国際連合（UN）正式に発足 ユネスコ設立準備会議（ユネスコ憲章採択）	1945年 第二次世界大戦終結
1946	ユネスコ正式に発足 第1回ユネスコ総会 「成人教育指導者の国際会議」を1948年に開催すべく計画立案する決定	1946年 ユニセフ設立
1948	第3回ユネスコ総会 「成人教育の指導者および従事者の国際会議」開催を正式決定 国際連合第3回総会で世界人権宣言採択	
1949	第1回CONFINTEA開催（デンマーク，エルノシア） 成人教育諮問委員会第1回会議 （以後第10回（1959年5月）まで活動）	
1952	ユネスコ教育研究所をハンブルクに開設	
1958	第10回ユネスコ総会 第2回成人教育世界会議のカナダでの開催を正式決定	
1960	第2回CONFINTEA開催（カナダ，モントリオール）	1960年　ユネスコ教育差別条約
1964	アジア南太平地域基礎・成人教育協議会（ASPBAE）結成	
1965	成人教育推進国際委員会第3回会議：生涯教育理念を正式に提唱	1965年 人種差別撤廃条約
1966	第14回ユネスコ総会：成人教育，識字，青少年活動の領域を統合した学校外教育推進のための国際委員会の設置を決定	1967年-1973年 実験的世界識字プログラム
1968	第15回ユネスコ総会：学校外教育国際諮問委員会の範囲を成人教育，成人識字に縮小する決定	
1972	教育開発国際委員会（前年2月設置）が報告書『未来の学習（Learning to be）』を提出 第3回CONFINTEA開催（日本，東京）	
1973	国際成人教育協議会（ICAE）結成	

1974	ラテンアメリカ成人教育・機能的識字地域センター設立	
1976	第19回ユネスコ総会で成人教育の発展に関する勧告，大衆の文化生活への参加及び寄与を促進する勧告採択	1975年　ペルセポリス宣言 1979年 女子差別撤廃条約
1983	第22回ユネスコ総会：万人のための教育という主要プログラムの枠内で第4回CONFINTEAを事務局長が開催することを決定	1982年 高齢化に関するウィーン国際行動計画
1985	第4回CONFINTEA開催（フランス，パリ）	1985年 学習権宣言
1987	ユネスコバンコク　アジア太平洋地域プログラム（APPEAL2000）を開始。	1989年 子どもの権利条約
1990	万人のための教育（Education for All）世界会議　開催（タイ，ジョムティエン） EFA行動枠組み	1990年　国際識字年 1991年 高齢者のための国連原則 1992年 地球サミット（ブラジル・リオデジャネイロ）
1996	21世紀教育国際委員会が報告書『学習：秘められたる宝』提出	1995年 世界女性会議 （中国・北京）
1997	第5回CONFINTEA開催 （ドイツ，ハンブルグ）	1999年 国際高齢者年
2000	世界教育フォーラム（セネガル，ダカール） ：EFAダカール行動枠組み	
2006	ハンブルクの教育研究所が生涯学習研究所（UIL）と改称	2003-2012年 国連識字の10年
2008	第6回CONFINTEAアジア地域準備会議（韓国，ソウル）	
2009	第6回CONFINTEA（ブラジル，ベレン）	
2012	国連事務総長による「教育へのグローバルな取り組み第1次運動」でグローバルシティズンシップ教育が提唱される	2012年 国連持続可能な開発会議（リオ＋20）

| 2015 | 世界教教育フォーラム（韓国，インチョン）：「インチョン宣言（教育2030)」および「SDG4 達成のための行動枠組み」
国連持続可能な開発サミット：
SDGs を含む「我々の世界を変革する：持続可能な開発のための2030アジェンダ」採択
第38回ユネスコ総会で成人学習・教育に関する勧告採択 | 2014年
世界教育フォーラムに向けた準備会議（オマーン・マスカット）
マスカット合意の策定 |
| 2017 | CONFINTEA 6 中間総括会議（韓国，スウォン） | |

執筆者紹介

長岡 智寿子（ながおか ちずこ）　第1，5，9章，おわりに
最終学歴　大阪大学大学院人間科学研究科博士後期課程修了　博士（人間科学）
所　　属　田園調布学園大学人間科学部
専門領域　生涯学習論，途上国のノンフォーマル教育，成人識字教育，他
主著書
『ジェンダーと国際教育開発：課題と挑戦』（共編著，福村出版，2012）
「生涯発達と成人期の学習」『生涯学習概論：知識基盤社会で学ぶ・学びを支える』（ミネルヴァ書房，2014）
『ネパール女性の社会参加と識字教育：生活世界に基づいた学びの実践』（明石書店，2018年）

近藤 牧子（こんどう まきこ）　はじめに，第2，4，12章
最終学歴　早稲田大学大学院文学研究科教育学専攻博士後期課程　博士（文学）
所　　属　早稲田大学文学学術院，立正大学教職教育センター等（非常勤）
専門領域　社会教育・生涯学習，開発教育，ESD（持続可能な開発のための教育）
主著書
「ESD の評価方法の検討」（『SDGs カリキュラムの創造』学文社，2019）
「自分らしい『参加』ができる社会づくり」（『グローバル時代の「開発」を考える』明石書店，2017）
「地域における開発教育の展開」（『SDGs と開発教育』学文社，2016）

藤村　好美（ふじむら　よしみ）　第3章
最終学歴　東京大学大学院教育学研究科総合教育科学第一種博士課程単位取得満期退学　修士（教育学）
所　　属　東京大学教養学部，獨協大学経済学部（非常勤）

専門領域　教育学（社会教育・生涯学習），アメリカンスタディ（社会・文化）
主著書

「ハイランダー研究教育センターにおけるコミュニティ・リーダーの学び─
ワークショップ "Rage, Hope, and Community" の参与観察を通して─」
（北海道大学大学院教育学研究院社会教育研究室『社会教育研究』，2019.11）
"International Relief and Development Aid Activities by the Shanti
Volunteer Association in the Refugee Camps in the Thai-Burmese Border:
The Role of Japanese Faith-Based Organization"（『群馬県立女子大学紀要』
第39号，2018．2）
「カナダのアンティゴニッシュ運動の思想と実践─Social Pedagogy の視点
からの考察─」（『群馬県立女子大学紀要』第38号，2017，2.）

野元 弘幸（のもと ひろゆき）　第6，10章
最終学歴　名古屋大学大学院教育学研究科博士後期課程中退 修士（教育学）
所　　属　東京都立大学人文社会学部
専門領域　社会教育・生涯学習，多文化教育，防災教育
主著書

『社会教育における防災教育の展開』（編著，大学教育出版，2018）
「アイヌ民族・先住民族教育研究の課題と展望」（『アイヌ民族・先住民族教
育の現在』東洋館出版社，2015）
「パウロ・フレイレ教育論の受容と展開」（首都大学東京・人文科学研究科
『人文学報』第515-5, 2019）

田中 雅文（たなか まさふみ）　第7章
最終学歴　東京工業大学大学院修士課程理工学研究科社会工学専攻 博士（学
　　　　　術）
所　　属　日本女子大学人間社会学部
専門領域　専門領域：社会教育学，生涯学習論
主著書

『現代生涯学習の展開』（学文社，2003）

『ボランティア活動とおとなの学び』（学文社，2011）

『社会を創る市民大学』（編著，玉川大学出版部，2000）

『社会教育経営のフロンティア』（共編著，玉川大学出版部，2019）

『テキスト生涯学習［新訂版］』（共著，学文社，2015）

久保田 治助（くぼた はるすけ）　第8章

最終学歴　名古屋大学大学院教育発達科学研究科教育学科専攻博士後期課程
　　　　　修了 博士（教育学）

所　　属　鹿児島大学学術研究院法文教育学域教育学系

専門領域　社会教育・生涯学習，高齢者教育，地域福祉

主著書

『日本の高齢者教育の構造と変遷』（風間書房，2018）

「高齢者の教育・学習のまちづくり」（『新版現代の社会教育と生涯学習』 九
州大学出版会，2015）

「老人大学創設期における高齢者教育の動向」（『教育老年学の展開』 学文社，
2006）

松尾 慎（まつお しん）　第11章

最終学歴　大阪大学大学院言語文化研究科博士後期課程修了 博士（言語文化
　　　　　学）

所　　属　東京女子大学現代教養学部

専門領域　日本語教育，多元文化教育，多文化社会コーディネーター（多文
　　　　　化社会専門職機構認定）

主著書

『多文化共生　人が変わる　社会を変える』（編著，凡人社，2018）

「地域日本語教育を問いつづける」（『日本語教育　学のデザイン』 凡人社，
pp.101-122，2015）

「母語教室とエンパワーメント―太田市におけるブラジル人住民と大学生の
協働実践―」（『日本語教育』，日本語教育学会155号，pp.35-50，2013）

生涯学習のグローバルな展開
ユネスコ国際成人教育会議がつなぐ SDG4の達成

2020（令和2）年2月1日　初版第1刷発行

編　著　者：長岡 智寿子・近藤 牧子
発　行　者：錦織圭之介
発　行　所：株式会社　東洋館出版社
　　　　　　〒113-0021　東京都文京区本駒込5-16-7
　　　　　　営業部　TEL 03-3823-9206／FAX 03-3823-9208
　　　　　　編集部　TEL 03-3823-9207／FAX 03-3823-9209
　　　　　　振替　　00180-7-96823
　　　　　　URL　http://www.toyokan.co.jp
装　　　帧：國枝達也
印刷・製本：藤原印刷株式会社
ISBN978-4-491-03939-8／Printed in Japan